ज्ञान गरिमा के
70 वर्ष

भारतीय
ज्ञानपीठ

ऐ मेरे रहनुमा

(नवलेखन प्रतियोगिता में अनुशंसित उपन्यास)

ऐ मेरे रहनुमा

(उपन्यास)

तसनीम ख़ान

भारतीय ज्ञानपीठ

लोकोदय ग्रन्थमाला : ग्रन्थांक 1294

ISBN 978-93-263-5484-4

ऐ मेरे रहनुमा

(उपन्यास)

तसनीम ख़ान

प्रथम संस्करण : 2016

मूल्य : 250 रुपये

प्रकाशक : **भारतीय ज्ञानपीठ**

18, इन्स्टीट्यूशनल एरिया, लोदी रोड, नयी दिल्ली–110 003

मुद्रक : विकास कम्प्यूटर्स ऐंड प्रिन्टर्स, दिल्ली–32

आवरण चित्र : नेहा चौहान

आवरण : महेश्वर

AE MERE REHNUMA

(Novel)

By Tasneem Khan

Published by

Bharatiya Jnanpith

18, Institutional Area, Lodi Road, New Delhi-110 003

Ph. : 011-24698417, 24626467; 23241619 (Daryaganj)

Mob. : 9350536020; e-mail : bjnanpith@gmail.com

sales@jnanpith.net; website : www.jnanpith.net

First Edition : 2016

Price : Rs. 250

मरहूम वालिद जनाब अब्दुल वहीद सिद्दीकी
की याद में...

मेरी बात

उन चन्द खुशनसीबों में से हूँ, जिन्होंने उस समाज में जन्म तो लिया, जहाँ पितृसत्ता की जड़ें बहुत गहरी हैं, लेकिन पितृसत्ता सत्ता ना होकर सहयोगात्मक रूप से साथ रही। जब कुछ समझने लगी तो पापा ने खुद हाथ पकड़कर दहलीज से आगे का रास्ता दिखा दिया और कहा—''ज़िन्दगी तुम्हारी है, सपने देखो और उन्हें पूरा करने को चल पड़ो। जहाँ मुश्किल में होओगी वहाँ तुम्हारे साथ खड़ा मिलूँगा।'' बस उसी साथ से अपने रास्ते खुद तय किये और जिस समाज में औरतों के हकूकों की बात सिर्फ़ चाहरदीवारी के भीतर तक ही रहती है, वहीं मैं पत्रकारिता जैसे बोल्ड पेशे के साथ मजबूती से खड़ी रह पाई। उस समाज में रहक़र कई ज़िन्दगियाँ देखी हैं, जिनका दम घुटता है, लेकिन जीना भी उनकी मजबूरी है। उन्हीं ज़िन्दगियों ने मुझे लिखने को मजबूर किया।

लेखन का या यूँ कहूँ कि साहित्य से जुड़ाव का पूरा श्रेय अम्मी नसीम अख़्तर को दूँगी। जब से होश सँभाला उन्हें किताबों के साथ ही देखा। उनके दिन का ज्यादातर हिस्सा पत्र-पत्रिकाएँ या साहित्य पढ़ते हुए गुजरता है। यही वजह रही कि बचपन में ही महान उपन्यासकार शरतचन्द्र और गुरु रवीन्द्रनाथ टैगोर की कृतियों से वाकिफ़ हुई। असर यह रहा कि लिखने के शौक ने जन्म लिया और सृजन से जुड़ पायी।

हमसफर के तौर पर ईकरामुल्लाह ख़ान का साथ मिला तो ख़्वाबों को पूरा करने का हौसला दोगुना हो गया। मेरे सपनों को वे मेरे साथ जीते हैं। बेटे की परवरिश में उनका बराबर का साथ रहा और मैं लिखने-पढ़ने को समय दे पायी। अपनी नौकरी, लेखन और घर-परिवार के बीच बेहतर सामंजस्य उन्हीं की वजह से सम्भव हो पाया। और मेरा प्यारा बेटा मतीन, जो मेरी ज़िन्दगी का बेहतरीन सृजन है, वह जब मेरी छोटी-छोटी उपलब्धियों पर खुश होता है तो यकीन मेरी सात उपलब्धियाँ खुद-ब-खुद बड़ी हो जाती हैं।

भाई जावेद सिद्दीकी, नावेद सिद्दीकी, बहनें नाजनीन और सबा ज़िन्दगी की मजबूती है। निजी ज़िन्दगी या फिर कॅरियर की बात हो, जहाँ भी कमजोर पड़ी और कदम पीछे खींचे, इन्होंने हार नहीं मानने दी। आज जिस भी मुकाम पर हूँ, इसमें इनका बड़ा योगदान है।

ज़िन्दगी में एक नयी रोशनी की तरह शामिल हुई दोस्त उमा का यहाँ कोई शुक्रिया अदा नहीं करूँगी। राजस्थान के वरिष्ठ कथाकार चरण सिंह पथिक जी और ईशमधु तलवार जी का ख़ासतौर पर शुक्रिया, जितनी उम्मीद थी उससे कहीं ज्यादा इनका सहयोग मिला।

फिर से वालिद की याद आ गयी, उनकी छवि मैंने अपने पति के वालिद में पायी है। जनाब फैजुल्लाह खान कादरी चिश्ती की दुआएँ यूँ ही हम पर बनी रहें।

—तसनीम ख़ान

ऐ मेरे रहनुमा

खचाखच भरे हॉल में तालियाँ गूँजने लगीं। कॉलेज फॉर वूमन के एनुअल फंक्शन में शहर की सभी प्रतिष्ठित महिलाएँ मंच साझा कर रही थीं। दर्शकों के रूप में मौजूद कॉलेज की लड़कियाँ अपनी आइडियल वूमन्स को सामने देख खुशी से फूली नहीं समा रही थीं। हर कोई कार्यक्रम खत्म होने के इन्तजार में थीं, ताकि इन सफलतम और नामी महिलाओं के साथ एक सेल्फी ले सकें और फिर फेसबुक पर चस्पाँ कर लोगों की वाहवाही लूटें। उन सफल महिलाओं की ज़िन्दगी के पहलुओं और सफलता की कहानी भी बड़ी गौर से सुनी जा रही थी, ताकि वे भी आगे चलकर उन्हीं के नक्शे कदम पर चलकर अपनी मंजिल तक पहुँच जाएँ। कॉलेज जश्न में था। हो भी क्यों नहीं, आज एनुअल फंक्शन के साथ महिला दिवस जो मनाया जा रहा है। सीएम साहिबा कुछ देर पहले ही अपना भाषण देकर जा चुकी हैं। अब सीएम के बनिस्पत कुछ कम सफल महिलाएँ मंच पर रह गयीं। महिला आयोग की अध्यक्षा मिसेज जैन के भाषण के बाद हॉल में एक बार फिर तालियाँ गूँज उठीं। उनके बाद जैसे ही ताहा माइक की ओर बढ़ीं, तालियों की आवाज और तेज हो गयी। लड़कियाँ ताहा का नाम जोरों से पुकारने लगीं। लगा कि वे उसे सुनने को बेसब्र हुई जा रही हैं।

ताहा ने कुर्सी से उठते ही मौजूद श्रोता-दर्शक लड़कियों की ओर हाथ हिला दिया। वह चेहरे पर हमेशा वाली मुस्कान और विश्वास लिए माइक की ओर बढ़ने लगी। हल्के गुलाबी कलर के सूट और फैलाकर दुपट्टा लगाना उनकी शख़्सियत को और भी संजीदा बना रहा था। बाल उसके विचारों की तरह खुले, चाल में आत्मविश्वास की भरपूर लचक। ताहा के माइक तक आने पर लड़कियों ने एक बार उसका नाम जोरों से पुकारा और जैसे ही वह बोलने को तैयार हुई हॉल में सन्नाटा छा गया। यही तो दीवानगी होती उसे सुननेवालों में। उसके शब्द जादू बनकर लोगों, ख़ासकर औरतों-लड़कियों के दिलो-दिमाग पर हावी होते। बोले गये शब्दों में से कुछ सुनने से चूक न जाये, यही सोच चाहने वाले खामोश होकर गौर से

सुना करते।

'ये ज़िन्दगी आपकी है, इसे अपने मुताबिक जीओ। सपने देखो और उन्हें पूरा करने में जी-जान लगा दो। आपको आगे बढ़ने से रोकने को कई लोग आएँगे, वो आपके अपने ही होंगे, लेकिन उन्हें दरकिनार कर अपने लक्ष्य पर नजर रखो। पित्तृसत्ता कभी नहीं चाहेगी कि आप आगे बढ़ें। इससे उनकी मिल्कियत उनके हाथों से जाती महसूस होती है। उनकी मिल्कियत बनने की जरूरत नहीं। अपनी ज़िन्दगी पर अपना इख़्तियार रखो। महिलाओं के सशक्त होने की पहली शर्त है नौकरी और जब आप कुछ बन जाते हैं, आर्थिक तौर पर सशक्त होते हैं तो सारी परेशानियाँ अपने आप दूर हो जाती हैं। उसके बाद न तो इस पितृ सत्ता की बन्दिशें काम कर पाएँगी और न ही किसी के जुल्म सहने की मजबूरी रह जाती है। महिलाएँ अब तक अपने ऊपर मर्दों के जुल्म ब़स इसीलिए सहती रही हैं, क्योंकि वो आर्थिक रूप से कमजोर हैं। अब वह जमाना गया कि आप पुरुष सत्ता से डर-डर कर जीएँ।'

ताहा...ताहा...ताहा...। आवाजें भीड़ में गूँजने लगीं। लड़कियाँ शहर की नामी पत्रकार और शब्दों की जादूगर के रूप में जानी जानेवाली ताहा अख़्तर को सुनकर इतनी प्रभावित हुईं कि आज से ही अपने आगे बढ़ने के सपने बुन डाले। कुछ तो मन-ही-मन उन लोगों को मुँह तोड़ने का मन बना चुकी थीं, जो उनके पढ़ने और नौकरी करने के सपनों में रोड़ा अटका रहे हैं। कुछ उनकी तरह अपनी शर्तों पर ज़िन्दगी जीने का ख़्वाब देखने लगीं। कुछ ने तो पत्रकार बनने की ही ठान ली।

'वाह, क्या बात है ताहा बाज़ी। आज तो आपने कार्यक्रम में जान डाल दी। खुश कर दिया आपने तो। आपकी वजह से मेरा यह कार्यक्रम भी सफल रहा। क्लाइंट भी खुश और बॉस भी। थैंक्स अ लॉट।'

मैंने नाश्ते की टेबल पर उनके साथ बैठते हुए कहा।

''तुम तो यह तारीफ मत करो अनम। सब जानती हो कि यह बातें बस भाषण में ही अच्छी लगती हैं।'' ताहा बाज़ी ने जवाब देते हुए नजरें झुका लीं।

उनकी झुकी नजरें देख, दोनों ओर चुप्पी छा गयी।

'तो अब कब मिल रही हो दोस्त की तरह, बहुत सी बातें करनी हैं तुमसे।' दूसरे ही पल ताहा बाज़ी ने चुप्पी को तोड़ा और बात का रुख मोड़ दिया।

'जल्दी ही मिलते हैं। अपने फेवरेट कॉफी शॉप में।' यह कहते हुए मैं कार्यक्रम की डिटेल देने ऑफिस की ओर निकल गयी।

'आओ अनम, सुना है कार्यक्रम हिट रहा।' बॉस के कैबिन में जाते ही उन्होंने बधाई दे डाली।

'जी सर, यह रही पूरी डिटेल।'

'हमारी इस पीआर एजेन्सी को आप जैसे ही डिटरमाइंड लोगों की जरूरत है। गुड एफर्ट्स।'

'थैंक यू सर।'

हाथ की घड़ी में वक़्त देखते हुए बॉस से कहा—'सर छह बज गये हैं, आप कहें तो मैं जाऊँ।'

'बस यही एक बात बुरी लगती है, तुम औरतों में कि घर जाने की जल्दी पड़ी रहती है। प्रोफेशनल होकर भी पूरी तरह प्रोफेशनल नहीं रह पातीं। फिर शिकायत कि आप लोगों को पुरुषों जितनी तवज्जोह या प्रमोशन नहीं मिल पाते।' बॉस ने कहते हुए जाने का इशारा किया।

कार्यक्रम हिट होने की खुशी बॉस की इस बात से काफ़ूर हो गयी। कोई जवाब दिए बिना ही वहाँ से निकल आयी।

घर के बाहर का छोटा-सा बरामदा शाम होने के समय मेरा ख़ास कोना हुआ करता है। शाम छह बजे ऑफिस से घर पहुँचते ही कॉफी का मग लेकर हम दोनों इस बरामदे में बैठा करते हैं।

हालाँकि यहाँ कोई ख़ास पेड़-पौधे या छोटा बगीचा नहीं है। इसके आगे बड़ी दीवारें हैं, जो मुख्य सड़क से इस बरामदे को अलग करती हैं। यहाँ से बाहर नहीं देखा जा सकता। सुरक्षा को देखते हुए दीवारें अपेक्षाकृत ज्यादा ऊँची हैं, ताकि इस बड़े शहर के चोरों से बचा जा सके।

खैर, बरामदे से आसमान तो आसानी से देखा जा सकता है, यही मेरे लिए काफी है। शाम ढलते देखना हो जाता। रात को कुछ देर यहीं से चाँद और सितारों को देख लिया करती, तो कभी जुगनुओं को देख खुश हो लेती।

गाँव के बड़े आँगन की याद को इस छोटे से कोने में कहीं दबा दी थी। बड़े-बड़े बगीचों की हवाएँ मन में टीस उठातीं तो इन कुछ गमलों के पौधों को देख सब्र कर लेती।

यहीं कोने में रातरानी, मोगरा और मनीप्लान्ट के गमले रखे हैं। रातरानी और मोगरा मेरे पसन्दीदा, तो मनीप्लान्ट आलिम यानी मेरे शौहर के। जगह कम थी, लेकिन ये आठ-दस गमलों के लिए काफी है।

माहिरा को भी मनीप्लान्ट पसन्द है। इसीलिए कि वह खेल-खेल में इसके पत्ते तोड़कर पान के बीड़े की तरह बना दिया करती और हमारे सामने पेश कर देती। यह देख आलिम अक्सर डाँट लगाते। उनके मनीप्लान्ट के टूटे पत्ते उनके टूटे दिल की तरह होते थे कि वे बिगड़ जाते।

धूप से हवाओं ने भी राहत पाई तो कुछ ठंडी हो गयी। मनीप्लान्ट के बिखरे

पत्ते हवा में उड़ने लगे, यह देख ज़िन्दगी की धूप कुछ हल्की लगने लगती। पत्तों को उड़ता देख मन भी कहीं का कहीं उड़ा जाने लगा।

बरामदे में शौहर और मैं कॉफी के इस दौर के दौरान अपने दिनभर की कुछ बातें कर लिया करते।

अभी भी वे साथ लगी कुर्सी पर बैठे थे। पास ही छह साल की बेटी माहिरा अपने खिलौनों में व्यस्त थी।

'वो तुमने सुबह घर का क्या सामान मँगवाया था?'—शौहर ने पूछा।

'लिस्ट वहाँ अलमारी में रखकर तो गयी थी ना।'

'हाँ, लेकिन बस लिस्ट ही थी।'

इशारा समझ गयी, लेकिन चुप रही।

'पता है कितनी महँगाई हो गयी है।'

'किचन की पाँच चीजें लाओ तो हजार का नोट खर्च हो जाता है। और तुम्हें पता है कि अभी तो महीने का आखिर है और इन दिनों मेरा ट्यूशन का मामला भी कुछ ख़ास नहीं चल रहा।'

दिनभर ऑफिस के कामों में दिमाग खपाने के बाद, आलिम की यह बात और ज्यादा चुभने लगी।

झल्लाकर बोली—'क्यों महीने का आखिर तो मेरे लिए भी है। मेरी तनख्वाह कौन-सी कल ही आयी है।'

'तो क्या तुम्हारा पैसा जमा करने को है और मेरा ऐश-मौज करने को', शौहर ने चिल्लाते हुए कहा।

'जब तुम घर पर खर्च ही नहीं कर सकती तो कमाने क्यों जाती हो।'

'सब कुछ तो घर पर ही खर्च करती हूँ, मेरे पास बचता ही क्या है? जो सेविंग करती हूँ, वो भी तुम्हारे नाम से है। तुम भी तो इतना कमाते हो, वो कहाँ जाता है?'

'तो मैं कौन-सा उस सेविंग को खाकर भाग रहा हूँ। आयेगा तो वो हम तीनों के काम ही ना! और फिर वह मेरे नाम है तो इसमें तुम्हें क्या परेशानी—तुम्हारी कमाई पर क्या मेरा हक़ नहीं?'

शौहर ने सर्वाधिकार सुरक्षित करते हुए कहा।

'वैसे भी मैं अपनी कमाई का क्या करता हूँ, क्या नहीं, यह तुम्हें बताना जरूरी नहीं समझता और ना ही तुम्हें जानने की जरूरत है।'

'मैं ऐसा नहीं कह रही हूँ। लेकिन कुछ पैसा मुझे भी चाहिए हाथ में। हर

काम में आप मेरा ही पैसा खर्च करवाते हो।'

यह कहते-कहते दिल दुख से भर गया। अपने आपको फिर अकेला-सा पाया।

'ना तुम अच्छे से घर को सँभाल रही हो, ना बेटी को। इस पर नौकरी की धौंस। कल ही अपना इस्तीफा दे आना और घर पर बैठो।'

वो जानते हैं कि यह एक ऐसी धमकी है, जो मेरी सबसे बड़ी कमजोरी रही है। मैं शौहर को नाराज कर नौकरी नहीं कर सकती। यही तो सिखाया गया था, बचपन से। ठूँस-ठूँस कर भरा गया था कि पहले रिश्ते, ख़ासकर शौहर का और बाद में अपना वजूद।

रिश्तों के लिए अपना वजूद खत्म हो जाये तो हो जाये लेकिन रिश्ते बने रहना चाहिए। ठूँस कर भी इस तरह भरा गया कि चाहक़र भी इन रिश्तों से इतर अपने वजूद को कहीं नहीं पाती।

आँखों से दो बूँदें फिसलकर गालों पर लुढ़क गयी।

'मम्मा, मम्मा...' चिल्लाते हुए माहिरा आ गयी।

'मम्मा बताओ न मैं बड़ी होकर क्या बनूँ।' माहिरा का हर दिन का सवाल फिर सामने था।

उसके इस सवाल ने घर में तेज होती आवाजों को बन्द कर दिया।

'जो तुम चाहो वही बनना।' उसके गालों पर हाथ फिराते हुए मैंने क़हा।

'मेरी बेटी तो एस्ट्रोनॉट बनेगी और चाँद पर जायेगी।' आलिम ने बेटी को गोद में बैठाते हुए उसके सपनों में साथ दिया।

'नहीं पापा मैं पुलिस बनूँगी और जब कोई झगड़ा करेगा ना, मैं उसको मारूँगी।'

झगड़े की आवाजें हँसी में तब्दील हो गयी। ढलती शाम के साथ रात की आहट पाकर रातरानी की खुशबू फैलने लगी और इस घर के माहौल को खुशनुमा बनाने की कोशिश करती रही।

रसोईघर से निकलकर पसीना पोंछा और कमरे के बीचोंबीच लगे पंखे के नीचे आ खड़ी हुई। सामने दीवार पर टँगी घड़ी सुबह के पौने दस बजा रही थी।

'अभी तो दस भी नहीं बजे और इतनी गर्मी।'

हर दिन यही वक़्त होता है कि सुबह की रसोई से कुछ राहत पाती और घर का बाकी काम निपटाने लगती। कभी-कभी हैरत होने लगती कि मुझमें और इस घड़ी में कोई फर्क नहीं है। जाने मैं इसके साथ-साथ चलती रहती हूँ या फिर यह मेरा साथ दे रही है।

आलिम सुबह 7 बजे कॉलेज जा चुके थे। प्राइवेट कॉलेज की लेक्चररशिप अच्छी है कि सुबह 7 से 12 कॉलेज और फिर आराम से घर पर। दोपहर के वक़्त वे बच्चों को ट्यूशन पढ़ाते।

'बस औरतों के लिए ही आराम नहीं बना, घर-ऑफिस और फिर घर की जिम्मेदारी। आराम का नाम नहीं है ज़िन्दगी में।'

मन-ही-मन आलिम से जलन हुई।

'मम्मा, मम्मा... मुझे पता चल गया कि मैं क्या बनूँगी।' मन में चल रही टीस से फिर माहिरा की आवाज ने उबारा।

उसने अखबार का रंगीन पन्ना मेरी गोद में रख दिया।

'ये देखो, ताहा आँटी।' अखबार में एक दिन पहले हुए कार्यक्रम की खबर छपी थी। ताहा बाज़ी की फोटो पर हाथ रखते हुए माहिरा बोली—'मम्मा मैं तो ताहा आँटी ही बनूँगी और रोज-रोज मेरा फोटू छपेगा। मुनिया (पड़ोस में रह रही उसकी हमउम्र सहेली) देखेगी तो हैरान हो जायेगी।' माहिरा ने हाथ और आँखें फैलाते हुए कहा।

काम के बीच माहिरा का बात छेड़ना बिलकुल नहीं भाया, पर उसका दिल रखने को मैं मुस्करा दी। कहा—'ठीक है बेटा।'

इतना कह अपने सुबह के बाकी कामों को निपटाने में लगी।

'ओह, 11 बजे ऑफिस की मीटिंग में नहीं पहुँच पाई तो आफत आ जायेगी। फिर मैनेजर की डाँट और बीसियों चेतावनियाँ। और यह महारानी अब तक नहीं आयी।'

'माहिरा के कपड़े यहाँ-वहाँ फैले थे तो क्या आलिम नहीं उठा सकते थे? उनसे तो खुद के कपड़े ही खूँटी पर नहीं टाँगे जाते। जहाँ कपड़े बदलते हैं, वहीं उतार फेंक जाते हैं, जैसे इन्हें अब दोबारा पहनना ही नहीं।'

'अरे, यह बिस्तर कितना बिखरा है।'

पाँच मिनट लगते इसे ठीक करने में, लेकिन उनसे तो यह भी नहीं होता।

पूरा घर मैं ही सँभालूँ। कमाऊँ भी और घर की जिम्मेदारियाँ भी निभाऊँ और उनसे इन जिम्मेदारियों को साझा करने की कोई उम्मीद भी ना करूँ। क्योंकि वे तो मर्द ठहरे और उनकी तो एक ही जिम्मेदारी है, कमाना...।

खुद से ही बात करते, खुद से ही झल्लाते हुए एक लम्बी साँस ली। बिस्तर ठीक कर रही थी कि दरवाजा खुलने की आवाज आयी।

अन्दर से ही चिल्लायी—'यह कोई वक़्त है आने का। तुम लोगों के रोजाना के नाटक हैं।'

'हजार बार कह दिया कि साढ़े नौ बजे पहुँच जाया करो तो मैं वक़्त पर

ऑफिस के लिए निकल जाऊँ।'

एक साँस में अपना सारा ग़ुस्सा या यों कहूँ कि अपनी थकान और ढेर सारा काम सामने होने की भड़ास भी उस पर निकाल दी। लेकिन हमेशा की तरह दूसरी ओर से कोई आवाज नहीं आयी।

रोजाना के अपने काम की शुरुआत वह कर चुकी थी। झाड़ू लेकर छत की सीढ़ियों को साफ कर रही थी।

आज भी उन्होंने मेरे इस गुस्से का कोई जवाब नहीं दिया।

उन पर काम छोड़ खुद तैयार होने चल दी। नहाकर आइने में खुद को सँवारने लगी कि उसमें नजर आ रही श्यामा दीदी पर ध्यान गया। लगा उनका चेहरा आज अजीब दिखाई दे रहा है और हमेशा की तरह वह मुझे तैयार होते देख मुस्करा भी नहीं रही हैं।

शायद कहीं गुम हैं।

हाथ से काजल रखकर पलटी और कहा—'क्या बात है श्यामा दीदी, आज आप उदास दिखाई दे रही हैं।'

एक पल को उन्होंने मेरी ओर आँखें उठाईं और फिर झुका दीं।

उफ्फ—चेहरे पर नीले निशान। 'यह क्या है? क्या हुआ, आप बीमार हैं?'

उन्होंने जवाब में बस गर्दन हिला दी।

'नहीं, नहीं जरूर कोई और ही बात है, बताओ क्या हुआ?'

श्यामा दीदी ने आहिस्ता से जवाब दिया—'इसमें नया कुछ नहीं है। जिसके नसीब किसी ऐसे आदमी के साथ जुड़ जाये, उसके साथ क्या हो सकता है।'

'इसका मतलब आप फिर मार खाकर आयी हो।'

'कितनी बार कहा है कि वो शराब पीकर आपको मारे तो आप भी उसे मारा करो। फिर देखो कैसे जल्दी आदत छूटेगी उसकी मारने की।'

'उसे मारकर कहाँ जाऊँगी भाभीजी। रहना तो उसके साथ ही है ना। फिर बेटियों का ठौर भी तो बिठाना है। इस पर लोग क्या कहेंगे? वैसे भी घर टूटता है तो लोग मर्दों को कब दोषी मानते हैं? दोष तो हम औरतों का ही होता है। इस समाज और इस दोष का डर नहीं होता तो शायद मैं कब का उसे छोड़ जाती।'

दीदी के इस जवाब से आगे का जवाब मुझे कभी नहीं मिला। बस मन-मसोस के रह जाती। और मैं घंटों तक श्यामा दीदी की ज़िन्दगी में उलझकर रह जाती।

अपने पाँच बच्चों की परवरिश, स्कूल का खर्च, खाने-पीने और घर के दूसरे खर्च का भार श्यामा दीदी पर ही रहा। पति ने इसमें से कोई भार नहीं बँटाया, इसके

बावजूद रिश्तों और समाज की ऐसी जंजीरों में वे जकड़ी हैं कि पति का भार भी वे ही उठा रही थीं।

लम्बा-गठीला बदन, गहरा-साँवला रंग और उस कालेपन को बढ़ाते उनके गहरे काले बाल। उनके काले बाल हमेशा तेल में तर रहा करते, इस पर वे चोटी इतनी कसकर बनातीं कि वो मुड़कर टेढी-मेढी हो जाया करती।

वह शहर के पास ही के एक गाँव की रहनेवाली हैं। अपनी तीन बहनों में बड़ी श्यामा दीदी के कोई भाई नहीं था। इसीलिए पिता की पीठ समय से पहले ही झुक गयी। वे खेत में मजदूरी करते। जैसे-तैसे बेटियाँ ब्याहक़र अपना फर्ज पूरा कर दिया।

श्यामा दीदी की ससुराल शहर में ही थी। हमारी कॉलोनी के पीछे की ओर से गुजरते रास्ते पर। कोई डेढ़-दो किलोमीटर की दूरी पर कच्ची बस्ती है, वहीं उनका घर है। छोटा-सा, कुछ कच्चा कुछ पक्का-सा। उसके छोटे से कच्चे चौक के एक ओर कमरा बना था। उसी में श्यामा दीदी अपनी तीन बेटियों और दो बेटों के साथ रहती।

इसी कमरे पर एक और कमरा, उसमें उनकी देवरानी रहा करती। चौक के ही एक कोने में पुरानी-सी कोठरी, जहाँ से उनकी सास अक्सर उन्हें 'करमजली' कहक़र आवाज लगाते सुनी जाती। ससुर तो सालों पहले ही गुजर गये थे। कोई पचास वर्गगज का मकान होगा, जो एक परिवार को ही पूरा ना पड़े, वहाँ तीन परिवार रह रहे थे।

इस पर भी सोने पर सुहागा कि इस कच्चे चौक में गाय बैठे-बैठे रँभा रही होती। मक्खियाँ उसके मुँह के साथ श्यामा दीदी के बच्चों के मुँह पर भी भिनभिनाया करतीं। चौक इतना ही था कि गाय बँधी, बैठी या खड़ी रह सकती थी, घूम नहीं सकती थी। उसके पास से होकर परिवार के लोग अन्दर-बाहर आया-जाया करते। और इसी चौक में कभी-कभार गाय के पास श्यामा दीदी भी पड़ी होती, अपने घावों को सहला रही होती।

'अच्छा भाभीजी, जा रही हूँ।' श्यामा दीदी की आवाज से खयालों की कड़ी टूटी।

'ठीक है, अब घर जाकर आराम करना। और मैं तो कहती हूँ यह कामकाज छोड़ो तो उसे भी कमाने की आदत पड़े।'

जवाब के बदले वो बस मुस्करा भर दी।

माहिरा को डे बोर्डिंग छोड़, ऑफिस पहुँची तो ग्यारह बज रहे थे। मीटिंग का खयाल आते ही पार्किंग से ऑफिस के अन्दर तक लगभग दौड़ते हुए पहुँची। बैग

सीट पर रख मीटिंग रूम का रास्ता पकड़ा। आज भी इस मीटिंग में कुछ नयापन नहीं। मैनेजर महोदय हमेशा की ओर खुद के पिछले कामों जो अच्छे ही थे, का बखान किए जा रहे थे और हमारे आज के कामों में कीड़े निकाले जा रहे थे।

मैं हमेशा ऐसी जगह चुनती कि आगे कोई बैठा रहे और उसके ठीक पीछे मैं बैठ जाती। शक्ल तो मैनेजर साहब को दिखती लेकिन मेरे हाथ में पकड़ा मोबाइल नहीं और मैं आसानी से अपना वाट्सअप-फेसबुक अपडेट देख पाती।

अब ऐसा भी नहीं है कि मैं ही इस संस्थान की नाकारा एम्प्लॉई हूँ, जो बॉस की कीमती बातों के बीच वाट्सअप देख रही हूँ, यहाँ मौजूद हर शख्स इसी काम में व्यस्त है।

अभी-अभी विमलेश जी ने एक वॉटसअप मैसेज भेजा। बारी-बारी से सब मौका देख अपने मोबाइल में देखने लगे। लिखा—'चार दिन बचाकर लाए थे ज़िन्दगी के, दो फेसबुक पर कट गये दो बॉस की डाँट में।' छूटती हँसी दबा ली गयी। लेकिन फिर भी रोकना मुश्किल हो रहा था। हँसी तो रोक ली लेकिन चेहरा लाल गुबार-सा हुआ जा रहा था।

दूसरी ओर से आवाज आने लगी—'मैंने तो निकम्मों की फौज इकट्ठा कर रखी है। तुम लोगों से टाइम पर कोई कमिटमेंट पूरा नहीं हो पाता। हर दिन क्लाइंट की शिकायतें मुझे फेस करनी पड़ती है।'

'मुझे देखो दिन में 12 से 13 घंटे इस ऑफिस को देता हूँ।'

मैनेजर साहब की आवाज तल्ख होने लगी, लेकिन बैठे सभी लोग तो अपनी हँसी काबू में करने की कोशिश में जुटे थे। अब शर्मा जी के बर्दाश्त के बाहर हुआ तो वह माफी का इशारा करते हुए दरवाजे के बाहर हो लिए।

शर्मा जी के जाते ही बॉस को शायद अहसास हुआ कि उन्होंने अपने कीमती 12-13 घंटों में से आज डेढ घंटे तक अपना बीपी हाई रखा।

'सो, मीटिंग इज ओवर।' यह सुनते ही सभी दरवाजे से ऐसे निकले, जैसे सभी को एक साथ पेट में मरोड़े उठ रहे हों। बाहर आते ही सबसे पहले विमलेश जी की क्लास लगी, उसके बाद ही काम में जुटे।

और दिनों के मुकाबले दिन ज्यादा सुहाना था। दोपहर में हल्की बूँदा-बाँदी होने लगी। ऑफिस कैंटीन के बाहर छज्जों से टपककर सामने पड़ती बूँदें सिहरन पैदा कर रही थीं। सर्दी जा चुकी थी, लेकिन बूँदें बरसते ही फिर सर्दी का अहसास होने लगा था। हम चारों की मंडली लंच के लिए कॉफी टेबल पर जम गयी। यह वो वक़्त है जब, ऑफिस की रूटीन से हम कुछ समय अपने लिए चुराया करतीं। लंच एक साथ लेने का बहाना न होता तो शायद ऑफिस सन्नाटेदार कब्रिस्तान ही

लगता। इस लंच टाइम में ही कभी बॉस तो कभी पति और सास हमारी बातचीत में चटपटा मसाला घोलने के काम आते थे। सच इनकी बुराइयाँ दुनिया में न होतीं तो शायद गॉसिप, गॉसिप ही न कहलाती।

'हाहाहा, हीहीही...।' कैंटीन में हँसी गूँजने लगी इसका मतलब कोई न कोई तो हँसी का पात्र बनने जा रहा है।

और यह हँसी का पात्र मैं ही थी।

'देखो, देखो जरा इस महान औरत की शक्ल, इसका नाम है अनम और ये अपनी कामवाली बाई को क्रान्ति कर डालने की सीख देकर आयी हैं।' मंजूलता ने कुर्सी पर खड़े होकर जोर-शोर से तआरुफ करवाया।

'अब मुँह फुलाकर क्यूँ बैठी हो, सही तो कह रही है। खुद के घर में तो क्रान्ति लाने की हिम्मत नहीं और दूसरों को सीख दे रही हो।' सीमा ने उलाहना देते हुए फिर मजाक बनाया।

'मेरे शौहर कौन-सा शराब पीकर मारते हैं कि मैं भी उन पर हाथ उठाऊँ।' मैंने झल्लाते हुए जवाब दिया।

'बस-बस ज्यादा शराफत दिखाने की जरूरत नहीं, हम सब जानते हैं। और तुम भी तो सब जानती हो, फिर भी अनजान बन रही हो।' इस बार सोमा ने बोलने का चान्स नहीं छोड़ा।

मुँह फूलकर कुछ अजीब सा बन गया। कैंटीन से लिए चटपटे पोहों का स्वाद कुछ कड़वा हो चला।

'अच्छा, तो तुम ही बताओ, मुझे क्या कहना चाहिए था?'

'औरत तेरी यही कहानी, हाथ में मैरिज सर्टिफिकेट, आँख में पानी।' मंजू की शुरू की हुई लाइनों को तीनों ने मिलकर पूरा किया।

सोमा बोली—'खैर, मैं तुम्हारी जगह होती तो यही कहती, लेकिन मेरी या फिर हमारी स्थिति उससे क्या अलग है। हम तो सो कॉल्ड सभ्य लोगों की सोसायटी में रहते हैं, उसी का पर्दा डालना पड़ता है।'

'हाँ, देख मुझे। मैंने ही अपने कमीने पति से कितनी बार मार खाई और तुझे बताया, तब तो तूने मुझे ऐसी कोई क्रान्ति करने को नहीं कहा।' मंजू ने अपने हमेशा वाले मजाक भरे अन्दाज में कोई बड़ी बात रख दी।

'मैंने तो सुना है कि तुम्हारे पति का नाम परमेश्वर है और तुम उन्हें कमीना कह रही हो, भगवान इसे क्षमा करना।' सोमा ने आसमान की ओर देख हाथ जोड़े और मंजू पर चुटकी ली।

'अरे, परमेश्वर तो तुम्हारे भी पति हैं और मेरे भी। हम सभी के पति परमेश्वर

ही हैं, यही सीखा है न बचपन से।' सीमा ने आँख मारकर मजाक को आगे बढ़ा दिया।

'मेरा बस चले तो तुम्हारे, मेरे, उस कामवाली बाई के, सभी के परमेश्वरों को उठाकर कुएँ में फेंक आऊँ।' मंजूलता के इस शिगूफे पर चारों की हँसी छूट पड़ी। बारिश की बूँदों की सिहरन में हँसी शामिल हुई तो मौसम के साथ मन भी सुहाना हो चला। चारों की भड़ास हँसी में कहीं बह गयी।

'मुझे तो लगता है कि यह ताहा अख़्तर के भाषण सुनकर इतनी पागल हो गयी कि ऐसी क्रान्ति के बारे में सोचने लगी। मैडम जी! हर किसी की किस्मत ताहा जैसी नहीं हो सकती। वो प्रोफेशनली स्ट्रॉन्ग तो हैं, पर्सनली भी। देखा नहीं, कैसे दोनों हसबैंड-वाइफ हाथ में हाथ डाले घूमते हैं। ताहा के सर्किल से भी हसबैंड को कोई दिक्कत नहीं। वे भी ताहा के दोस्तों से हँसी-मजाक करते ही देखे जाते हैं।' सोमा ने अपना दिमाग दौड़ाया।

'नहीं, यार तुम लोग तो बात को कहाँ से कहाँ ले जाते हो। चलो अब लंच टाइम खत्म हो गया।' यह कहते मैं अपनी सीट से उठ खड़ी हुई तो वे तीनों भी साथ चलने को तैयार हो गयीं।

'हाँ, यार। मुझे तो बड़ी जलन होती है ताहा से। जब देखो तब सुर्खियों में बनी रहती है। मैं दावे से कह सकती हूँ कि शौहर जब तक सपोर्ट न करे, तब तक एक मिडिल क्लास औरत इतनी मजबूत स्थिति में नहीं आ सकती।' सीमा ने सोमा की बात से इत्तेफाक जाहिर किया।

'तुम चुप क्यों हो, तुम्हारी तो दोस्त है ना!' सोमा बोली।

उसकी बात बीच में ही काटते हुए मैंने कहा—'अब छोड़ो ये बातें, मुझे एक असाइनमेंट पर जाना है। देर हो रही है।'

चारों उठकर कैंटीन से बाहर आयी ही थीं कि सामने मेन गेट पर निशा दिखाई दे गयी। हाथ हिलाकर वो किसी को बाय बोल रही थी।

'लो, आ गयी एड्स की दुकान।'

'मंजू यह बात ठीक नहीं। लड़कियों को लेकर तुम्हारी ये लैंग्वेज मुझे बिलकुल नहीं भाती।'

'क्यूँ मैं ही थोड़े कहती हूँ। पूरा ऑफिस जानता है कि ये बॉयफ्रेंड के साथ लिव इन में रह रही है। इतने साल हो गये न खुद शादी करती है और न ही बॉयफ्रेंड को करने देती है।'

'हाँ, तो तुम्हें इससे क्या। उसकी ज़िन्दगी है, वो कुछ भी करे।'

'तो करे ना, मैं कौन-सा कुछ कह रही हूँ, लेकिन जो सोशली एक्सेप्टेड नहीं, वो बुरा ही कहा जायेगा।'

'तुमसे तो बहस करना ही बेकार है।'

'इसमें बहस जैसी कौन-सी बात है। इतना ही प्यार है तो कर लें ना शादी।'

मंजू की बात को अनसुनी कर तीनों अपने-अपने कैबिन की ओर चल दीं।

एक और बोरिंग-सी सुबह।

'वही काम, वही थकान, कुछ भी नया नहीं। इस पर फिर श्यामा दीदी लेट हैं। फिर वही बहाना होगा। पति ने मारा, आने नहीं दिया, पैसे माँगे और जाने क्या-क्या। मुझे तो लगता है कि औरतें अपनी मजबूरी दिखाने के लिए ही पति को दुनिया के सामने कुछ ज्यादा बुरा बनाकर रखती हैं। ऑफिस में ही देख लो, मनीषा मैम रोती रहती हैं और बॉस उन्हें ड्यूटी कम करने पर भी कुछ नहीं कहते।'

एक बार फिर मन में उथल-पुथल चलने लगी, जो बड़बड़ाने की शक्ल में बाहर आने लगी।

'अरे, ये अखबार भी बिखरा है, पढ़कर इसे टेबल पर रखना जाने कब सीखेंगे।' अखबार समेटा और टेबल पर रखा।

'यह क्या था, कोई जाना-पहचाना चेहरा था कहीं।' सोचकर फिर अखबार उठाया और इसके पन्ने पलटने लगी।

हाँ, ऐसे ही किसी पन्ने पर रंगीन तस्वीर थी, जो जानी-पहचानी-सी थी। इन पन्नों पर नहीं मिली। एक बार फिर टटोला। हाँ, यह रही।

ये क्या—'ताहा बाज़ी।'

हाँ, यह ताहा बाज़ी ही तो हैं। आज यह अखबार तो यही बता रहा है कि अब वे नहीं रही।

'शहर की जानी-मानी पत्रकार ताहा अख़्तर का इन्तकाल बुधवार को हो गया। गुरुवार दोपहर जौहर की नमाज के बाद दो बजे इनका ज़नाज़ा उठाया जायेगा। अल्लाह इन्हें जन्नत अता करे। आमीन। जीशान अली-शौहर और तमाम खानदान। पता—सी-134 प्रतापनगर, जयपुर।'

शोक सन्देश पढ़ते-पढ़ते दिमाग सन्न था, कोई हलचल नहीं। बार-बार अखबार में लिखी उनके आखिर की इबारत को पढ़ती जा रही थी। लगातार।

महीनों से यह डर पीछा कर रहा था, लेकिन फिर भी यकीन करना मुश्किल हो रहा था कि वाकई वो दिन सामने है। अपनी ज़िन्दगी का हर पल और हर सफलता अपने हाथों से लिखने वाली ताहा बाज़ी आज ज़िन्दगी के आगे हार गयी। या फिर किसी अपने से हार गयी थीं।

मोबाइल की घंटी बज उठी, गालों पर लुढक आये आँसुओं को पोंछा और मोबाइल उठाया।

दूसरी ओर शीबा थी।

'अनम बाज़ी आपको खबर मिली क्या? ताहा बाज़ी का इन्तकाल हो गया है। मुझे तो विश्वास ही नहीं हो रहा। आज सुबह ही पता चला। ज़नाज़ा दोपहर में उठाएँगे। आप भी आ रही हैं क्या?' वो एक साँस में सारी बात बोल गयी।

'हाँ।'

बस इतना कह फोन काट दिया। इससे ज्यादा लफ्ज नहीं थे मेरे पास।

नज़र उनकी तस्वीर पर टिक गयी और सोच इस पर कि जो औरतें अपने हक़ों और सपनों के लिए ज़िन्दगी भर लड़ती हैं, उन्हें हराने के लिए अपने ही जी-जान से क्यों जुट जाते हैं? बाहर से आत्मविश्वास से भरपूर और सफल दिखाई देनेवाली औरतों के हाथ प्यार और विश्वास से हमेशा खाली ही होते हैं।

उनकी ज़िन्दगी की घुटन मुझ पर तारी होने लगी।

अपनी खुशियों के लिए देहरी लाँघने वाली औरतों के पास सुकून की मौत नहीं होती, यह शोक-सन्देश तो यही तो सन्देश दे रहा था।

ऑफिस फोन कर आज की छुट्टी ले ली, हालाँकि मैनेजर साहब ने हर बार की तरह ग़ुस्सा हुए, कहा—'ऐसे ही चलता रहा तो तुम मेरी पीआर एजेन्सी बन्द करवा दोगी।' और हमेशा की तरह मैंने 'जी-जी' कहते हुए फोन काट दिया।

प्रतापनगर शहर से काफी दूर है, लेकिन तेजी से फैलते मेट्रो शहर जयपुर के लोगों के लिए यह 25 किलोमीटर की दूरी ख़ास नहीं है। पाँच किलोमीटर की दूरी तो 'पास ही है' कही जाती है, इसीलिए 25 किलोमीटर को दूर वहाँ के लोग नहीं कहा करते। लेकिन मेरे लिए तो दूर ही था। भारी मन से उनके घर की गली पकड़ी।

अभी दो महीने पहले ही उन्होंने अपने छोटे बेटे मुनाफ को नसरा (कुरआन पूरा पढ़ लेने की खुशी) पढ़ाया था, तभी उनके काफी जोर देने पर मैं शौहर और बेटी के साथ यहाँ दावत में आयी थी।

अगर ना भी आयी होती तो भी उनका घर ढूँढ़ने में परेशानी ना होती। उनके ज़नाज़े में शहरभर के लोग शामिल थे, कि भीड़ गली के बाहर तक थी। यह देख कोई भी उनके घर के रास्ते से अनजान होकर भी वहाँ आसानी से पहुँच सकता था।

गली के बाहर ही एक खाली पड़े प्लॉट में काफी गाड़ियाँ खड़ी दिखाई दीं, मैंने भी स्कूटी वहीं पार्क कर दी।

इस इलाके में अभी आबादी घनी नहीं थी। कहीं एक साथ ही दस-बारह घर बने थे तो कहीं प्लॉट बड़े से मैदान के रूप में खाली पड़े थे। कॉलोनी के बीच एक बड़ा-सा पार्क भी था। उसके चारों ओर आलीशान घर बने थे। इनमें से ही एक था, ताहा बाज़ी का घर।

ताहा बाज़ी को इस इलाके में रहते आठ–दस साल ही हुए थे, इससे पहले वे एमडी रोड पर अपने ससुराल के घर में रहा करती थीं। शहर की घुटन से दिल भर गया तो उनके वालिद ने यहाँ घर बनवा लिया और फिर ताहा बाज़ी ने भी यहीं घर ले लिया था। वालिदैन के घर के पास ही घर बनवाने के पीछे बड़ी वजह उनके बच्चे थे।

वो नौकरीपेशा थीं, तो पीछे से बच्चों की परवरिश उनकी नानी की देखरेख में हो जाये, यही सोचकर उन्होंने भी यहाँ घर बनवा लिया था।

इसे वो अपने सपनों का घर कहा करतीं।

यही सब सोचते–सोचते ताहा बाज़ी के घर के सामने आ पहुँची।

औरतें–मर्द सभी यहाँ सिर ढके घूम रहे थे। बाहर एक सन्नाटा–सा पसरा था। सन्नाटे के बीच अपना सिर पल्लू से ढका और उनकी आखिरी शक्ल देखने को घर में कदम रखा।

घर से रोने–पीटने की आवाजें आ रही थीं। ताहा बाज़ी के रिश्तेदारों और जाननेवालों से घर, गली भरी थी। इसी भीड़ को चीरते हुए मैं उनके घर के मेन गेट से अन्दर पहुँची। मगर इससे आगे घर में जाने की जगह नहीं दिख रही थी। बरामदे से अन्दर नजर डाली तो चौक, कमरों में औरतें एक–दूसरे से सटी बैठी थीं।

घर का बड़ा–सा हॉल जहाँ अक्सर ताहा बाज़ी मेहमाननवाजी किया करती थी, उसी में एक ओर आज उनके ज़नाज़े का पलंग रखा था। पूरा हॉल अगरबत्तियों की खुशबुओं से महक़ रहा था।

रोने की आवाजें इन खुशबुओं को गीला किए जा रही थी। मौलाना साहब पास ही बैठे सूरह बक्र पढ़ रहे थे। उनके दोनों भाई भी ज़नाज़े के पास बैठे कुरआन की तिलावत कर रहे थे।

उफ्फ—कितना मासूम–सा है वो शख्स जो इस वक़्त इस कफ़न में लिपटा है। अब भी चेहरा नूर से दमक रहा है। आँखों के आसपास घेरे कुछ स्याह थे, लेकिन यह उनके चेहरे पर नुमायाँ रोशनी को कम नहीं कर पाए। उनके हमेशा खुले रहने वाले बाल आज कफ़न में ढके थे।

यों लग रहा था कि ज़िन्दगी के साथ लगातार दौड़ती रहने वाली ताहा बाज़ी आज पूरी तरह आराम का मन बना चुकी हैं, कि आसपास का शोर, चीखना–चिल्लाना, रोना, सुबकना कुछ भी उन तक नहीं पहुँच रहा था।

वैसे भी वो एक अरसे से एक पुरसुकून नींद की तलाश में मारी–मारी घूम रही थीं, सो आज उन्होंने उसे पा ही लिया था। वो जिद्दी जो थीं, जो उन्हें चाहिए, उसे वे पाकर ही रहतीं।

'हाय, मेरी मासूम–सी बच्ची। मेरी जान। अल्लाह मेरी उम्र तुझे दे देता मेरी

बच्ची। खुदा, तुझे मेरी दुआएँ नाकाफ़ी लगी तो कम से कम इन बच्चों पर ही रहम कर लेता'

फिर एक चीख निकली और ताहा बाज़ी की अम्मी बेहोश हो चलीं। उनके रिश्तेदारों ने सँभाला। पानी के छींटे मारे लेकिन वो बेहोश रहीं और बड़बड़ाती रहीं। पास ही बैठी ताहा बाज़ी की बहन को अम्मी का खयाल नहीं था, वो खुद ही रो-रोकर बेसुध हुई जा रही थीं।

एक तो बड़ी बहन के जाने का ग़म, इस पर दो भानजों के सिर से माँ का साया चले जाने की टीस। करीबी-दूर के सभी रिश्तेदार, दोनों बच्चों की बदनसीबी पर गमगीन थे।

10 साला उमर और 8 साल का मुनाफ़ चुपचाप एक कोने में टोपी लगाए बैठे थे। उमर जरा गमगीन-सा दिखाई दे रहा था, लेकिन मुनाफ़ का चेहरा इन सबसे पाक था।

उसको शायद अभी उसके अनाथ (पिता मर जाये तो माँ उसकी कमी पूरी कर लेती है, लेकिन माँ की कमी पिता पूरी नहीं कर पाता, इसीलिए अनाथ ही कहूँगी) होने का पता नहीं था।

हॉल में बैठी औरतों की भीड़ में एक ओर बैठी शीबा पर नजर गयी। वो मुझे ही हाथ से इशारा करने लगी, अपने पास बुला रही थी। मैंने इशारा कर मना कर दिया और ताहा बाज़ी की मय्यत के पैरों की ओर जगह देख बैठ गयी।

दीवार के सहारे सिर टिका दिया था। ताहा बाज़ी—मेरी सहेली, मेरी बड़ी बहन और मेरी हमराज़। उम्र का फासला कोई सात-आठ बरस का था, फिर भी दोस्ती हमउम्रों से बेहतर थी।

हम एक-दूसरे की राज़दार थीं और खैरवाह भी। मेरे लिए वो आइडियल वूमन थी। उस औरत के ज़िन्दगी जीने के तरीकों से मुझे खूब हौसला मिलता। बेटी माहिरा ही नहीं, मैं भी उनकी तरह मजबूत और सफल बनना चाहती थी।

लेकिन आज सोच रही हूँ कि उनकी तरह बनने का मतलब क्या इस कदर टूटना होगा।

हर कोई रश्क करता कि ताहा बाज़ी ने मर्दों के हाथों, मर्दों के तरीकों से बनाई दुनिया में अपने तरीके से ज़िन्दगी जी। इस बात से हर किसी ने आँख चुराई कि पितृसत्ता के वर्चस्व में अपने हिस्से की जमीन माँगना औरतों के लिए कहाँ आसान रहा है।

हाँ, ताहा बाज़ी ने यही गुस्ताख़ी तो की। सफलता की सीढ़ियाँ चढ़ते जाना तो हर किसी ने देखा और ज़िन्दगी से लड़ते-लड़ते उनके जख्मी पैर किसी को भी दिखाई ना पड़े।

वो भी तो यही चाहती रही कि उनका टूटना किसी को ना दिखे, नहीं तो उन्हें देख-देखकर जो आधी दुनिया की लड़कियों ने घरों से कदम बाहर निकालने शुरू किए हैं, वो रुक जाएँगे।

वो सभी को इसी खुशफ़हमी में रखना चाहती थीं ताकि उन्हें देख नयी पीढ़ी की लड़कियाँ घर की दहलीज के बाहर कदम निकालें जहाँ उनके लिए बेहतर ज़िन्दगी इन्तजार कर रही है।

•••

'ताहा... ताहू, कहाँ है मेरी चाँद...' रोजाना की तरह हाशिम मियाँ अपनी लाडली को आवाज लगाते घर में दाखिल हो रहे थे।

घाटगेट बाज़ार के बीचोंबीच एक सर्किल के कोने पर उनका छोटा-सा पुश्तैनी मकान था। इनके अब्बा के वक़्त घर बड़ा हुआ करता था लेकिन फिर चारों भाइयों के हिस्से होने के बाद बमुश्किल अस्सी-पचासी गज का टुकड़ा था उनके पास।

उस पर ही उन्होंने दो कमरे, रसोई बना रखे थे। एक कमरा ऊपर भी था, जो अक्सर मेहमानों के लिए काम आता था।

घर छोटा था फिर भी उन्होंने चौक खुला ही रखा। और शहरी लोगों की तरह कमरे बढ़ाने के चक्कर में घर में अँधेरा करना उन्हें पसन्द नहीं था।

जूते रखने की अलमारी के पास उन्होंने अपने चमड़े के जूते खोले—इतने ही ताहा दौड़ी आयी और उनके पीठ पर लिपट गयी।

'अरे, ये कौन है, मेरी पीठ पर कौन है...' कुछ अनजान बनते हुए हाशिम मियाँ उसे पीठ पर चिपटाए ही खड़े हो लिए और ताहा ने दोनों हाथों से उनकी आँखें बन्द कर दी।

उसे लेकर कमरे में लगे सोफे पर आये, उसे उतारा और झूठे ही चौंके।

बोले—'अरे ये तो मेरी चाँद है।'

और ताहा खिलखिला दी। लगे हाथों अब्बा के हाथ से थैला भी झपट लिया।

'आज फिर रसगुल्ले और चॉकलेट ले आये। इस तरह तो इसके दाँत भी खराब हो जाएँगे और इसकी आदतें भी।'

ताहा की अम्मी शायदा बेगम झूठा ग़ुस्सा दिखाते बोली और ताहा से थैला ले लिया। ताहा भी उनके पीछे-पीछे रसोईघर में चल दी। रोजाना की इस झूठी नाराजगी के बाद भी वे प्यार से ताहा की पसन्द की मिठाई एक छोटी कटोरी में डालकर उसे थमा देती। और फिर वो अब्बा की गोद में बैठी-बैठी एक रसगुल्ला खाने में कोई घंटाभर लगा देती।

कमरे की एक दीवार से सटे ऊँचे तखत पर मसनद के सहारे बैठी हाशिम मियाँ की वालिदा दोनों बाप-बेटी के इस खुलूस से खुश हो जातीं, फिर भी टोकती...

'बेटी जात से इतनी मोहब्बत ठीक नहीं हाशिम।' यह कहते-कहते उनकी आवाज खुद उन्हें ही दूर किसी पहाड़ से टकराकर गूँजती हुई सुनाई देती। और हाशिम मियाँ जवाब में बस हँस देते।

जब से ताहा पैदा हुई, हाशिम मियाँ की ज़िन्दगी तो जैसे खुशियों से भर गयी। एक तो उसके पैदा होते ही बेरोजगार बैठे हाशिम को सरकारी नौकरी मिल गयी और दूसरे हाशिम मियाँ चाहते थे कि उनका दूसरा बच्चा बेटी ही हो। ख्वाहिश पूरी हुई तो उन्होंने बेटी को सिर-आँखों पर बैठा लिया।

ताहा जब पैदा होनेवाली थी तो वो अक्सर बीवी से कहा करते—'चाँदनी भी तो बिखरी होनी चाहिए ना घर में, बेटी होगी तो घर चहकेगा। उसकी प्यारी-प्यारी बातों से, हँसी से घर में ज़िन्दगी भर जायेगी।'

और फिर शरमाकर जब शायदा बेगम कहती कि 'अबकी भी बेटा हुआ तो...।'

इस पर वे कुछ प्यार, तो कुछ शिकायती लहजे में मुँह बना लेते। आखिर एक दिन तो वे गुड़िया, छोटी गुलाबी फ्रॉक, नन्हे कदमों से जूते खरीद लाए।

बीवी हैरत से देखने लगी तो वालिदा ने टोका। 'अरे, हाशिम क्या पागलपन है। शगुन तो अच्छे कर। दूसरा भी बेटा हो जाये, मैं तो दिन रात दुआ माँग रही हूँ और तू है कि बेटी के पीछे पागल हुआ जा रहा है। यह दुआ अब अगली बार करना, अभी तो बस मेरे मन की पूरी हो जाये तो मैं दरगाह पर फूल चढ़ा आऊँ।'

'अम्मा अब भी पुराने खयालों में ही जीओगी क्या? बेटा और बेटी दोनों बराबर हैं।' हाशिम मियाँ बोले।

'और देखो ना रेहान तो अपनी अम्मी का ही होकर रह गया। बेटी होगी तो देखना मेरी गोद में ही रहेगी।'

'मैं भी मानती हूँ लेकिन घर में एक से भले दो भाई होते हैं। उसके बाद भले ही उनके एक बहन हो जाये। दोनों मिलकर उसका खयाल रख लेंगे।' अम्मा ने जवाब दिया।

'दोनों मिलकर क्यों, वह बड़ी होकर अपना ध्यान खुद ही रख लेगी ना, भाइयों के भरोसे थोड़ी रहेगी।'

'तू रहने दे तेरी यह बातें। अपने ऑफिस के दोस्तों के सामने ही अच्छी लगती है यह बातें, घर में नहीं।' इस बार अम्मा कुछ झल्ला गयी।

बोली—'वंश तो बेटे ही चलाएँगे ना। नाम तो वो ही रोशन करते हैं खानदान का। बेटियों का क्या, उन्हें तो जाना है।'

'हाँ, बस यही सोचकर आपने नाजमा को नहीं पढ़ाया। मेरी बहन की परवरिश भी हमारी तरह की होती, उसे भी पढ़ाया-लिखाया होता, तो वह एक-एक रुपए के लिए अपने शौहर की मोहताज न रहती।' हाशिम मियाँ ने फिर से वही पुराना शिगूफा छोड़ दिया।

इस बार अम्मा की आवाज धीरे हो गयी। कहा—'तो क्या हुआ। तुम चारों भाई तो हो ना उसकी जरूरतों को पूरा करने के लिए।'

एक लम्हा खामोशी के बाद फिर बोली—'उसे तुम सभी पैसा देते हो, उसी में वह सब्र से घर चला लेती है। जो तुम चार भाई नहीं होते तो उसका हश्र और बुरा होता।'

अम्मा की आवाज से साफ झलक रहा था कि वे झूठा ही घमंड दिखा रही हैं। आवाज जो बीच-बीच से टूट रही थी, उससे पता चल रहा था कि बेटी को ना पढ़ाने और बेटों के बराबर काबिल ना बना पाने की टीस या यों कहे एक अपराधबोध अब भी उनके अन्दर था, जिसे वे साफ कहने को झिझकती थीं।

अम्मा के चेहरे की झुर्रियों पर उभरते उतार-चढ़ाव उनके मन का पता दे रहे थे। आँखें झुकी थीं।

यह देख हाशिम मियाँ को खुद पर ही ग़ुस्सा हो आया कि जो हो चुका, उसके लिए बार-बार ताना देकर अम्मा को क्यों परेशान कर रहे हैं। अब उनकी उम्र नहीं रही परेशानियों में पड़ने की।

यह देख उन्होंने बात को मोड़ना चाहा लेकिन अम्मा अब बिलकुल खामोश थी।

शायद वे अकेले रहना चाहती थी, सो हाशिम मियाँ भी उठकर बाहर चले गये।

बालकनी में खड़े हाशिम मियाँ को अपनी बहन शिद्दत से याद आने लगी।

सिवाय हर महीने कुछ रुपयों की मदद के सिवा उनके पास कोई चारा नहीं था। इस तरह वे उसकी माली हालत तो सुधार देते थे लेकिन उसकी ज़िन्दगी सँवारने के लिए यह काफी नहीं था।

●●●

'नाजमा चारों भाइयों...' में सबसे छोटी है, सो चारों की लाडली। सभी प्यार से उसे गुड़िया बुलाते। पाँचवीं तक पढ़ाई के बाद उसे घर के कामों में लगा दिया गया। क्योंकि वही उसका वर्तमान था और भविष्य भी।

अब्बा का कहना था कि 'गुड़िया बड़ी होने लगी है तो घर में रहे। बाहर जाना उसके लिए ठीक नहीं। वैसे भी बेटी जात को पढ़ाकर क्या करना है। उसकी कमाई

थोड़ी खानी है।'

इस पर अच्छी पढ़-लिख गयी तो कोई अच्छा रिश्ता नहीं मिलेगा। वैसे भी लड़केवाले पढ़ी-लिखी की बजाय घरेलू लड़कियों को ही पसन्द करते हैं। यही सब मानना था अब्बा का और इसी वजह से गुड़िया घर की ही होकर रह गयी।

लेकिन गुड़िया के मन से स्कूल की बातें और किताबें नहीं निकली थीं। वो अपने बड़े भाइयों की किताबें लेकर वह उन्हें चाव से पढ़ा करती।

बड़े भाई करीम को लगा कि यह पढ़ने में तेज है तो क्यों ना आगे पढ़ाने की बात अब्बा से की जाये। उस दिन इस घर में कोहराम मच गया था।

करीम उसे आगे पढ़ाने पर अड़ा था, तो अब्बा अपनी बात पर।

'जब तक मैं ज़िन्दा हूँ इस घर पर और तुम लोगों की ज़िन्दगियों पर मेरा ही हुकुम चलेगा।' अब्बा चिल्ला रहे थे—'तुम पाँचों ही मेरे बच्चे हो, मैं जो कुछ करूँ गा भले के लिए ही। गुड़िया को ना पढ़ाने में भी उसी का भला छिपा है।'

'आप अपने आपको खोल से बाहर निकालना न चाहें तो ठीक है लेकिन गुड़िया नये जमाने में पैदा हुई है, उसे आप यह पिछड़ी ज़िन्दगी नहीं दे सकते।' जवान खून अपने वालिद के सामने उबल रहा था।

'अब लग रहा है कि तुम्हें भी पढ़ा-लिखाकर गलती कर दी। बुजुर्ग सही कहते थे कि यह स्कूल-कॉलेज बच्चों को बिगाड़ने के लिए हैं।' अब्बा ने फिर एक तर्क दे दिया।

उनका साफ-शफ्फाक चेहरा गुस्से में लाल हो चला था। पेशानी पर नमाज का निशान और ज्यादा चमकने लगा था।

गुड़िया दरवाजे की ओट में खड़ी अब्बा के चेहरे के रंग बदलते देख रही थी।

लम्बा कद। चौड़े कन्धे, गोरा रंग और इस उम्र में भी गहरे काले बाल। सिर के भी और दाढ़ी के भी। इस गठीले बदन पर कभी स्लेटी रंग तो कभी सफेद रंग के सलवार कमीज का लिबास होता। काली दाढ़ी-मूँछों के बीच से भी अब्बा का रंग चमकता था। यदि दाढी-मूँछ ना हो तो खूबसूरती में वे जवानों को भी मात दे दें। इस पर पेशानी पर स्लेटी रंग का नमाज का निशान उनके चेहरे की गम्भीरता को और बढ़ा देता।

अब्बा की गम्भीरता बढ़ते देख गुड़िया ने अपने मन के किसी कोने में छिपे पढ़ने के ख़्वाब को वहीं समेट दिया। दिल ही दिल में उस पर तेजाब डाल दिया, ताकि उस ख़्वाब का कोई कतरा बच ना सके। नन्ही समझदार गुड़िया ने अपने आपको घर के कामों में उलझा लिया था।

कम उम्र में ही वह अच्छी खानसामा बन गयी। अब अम्मा को रसोई की ओर देखने की जरूरत ही नहीं पड़ती।

बिरयानी, कबाब हो या चिकन कोरमा गुड़िया के हाथों का जवाब नहीं।

अभी कोई पन्द्रह साल की ही होगी कि उसके तायाजाद भाई के साथ उसका रिश्ता तय कर दिया गया।

अब्बा ने घर में आते ही अम्मा को अपने पास बुलाया और एक खुशखबरी सुना दी।

यह सुनते ही वो भी खुशी से उछल पड़ी। लगे हाथ अपनी गुड़िया की बलाएँ उतार ली।

वे बस इसीलिए खुश थीं कि अब उनकी गुड़िया दुल्हन बन अपने घर चली जायेगी और वे अपने फर्ज से रिहा हो जाएँगी।

रात को जैसे ही बात बड़े भाई को पता चली, वो फिर अब्बा के सामने था।

'क्या जल्दी है गुड़िया की शादी की। अच्छे रिश्तों का इन्तजार कर लें।'

अब्बा बोले—'क्या जरूरत है इन्तजार करने की, मेरे बड़े भाई के घर जायेगी तो खुश ही रहेगी ना?'

'जानते हैं ना वसीम को। कितना आवारा लड़का है, दसवीं फेल। इस पर कुछ नहीं कमाता। फिर भी आप अपनी बेटी उससे ब्याह रहे हैं?'

'आवारा है, तो क्या उसे छोड़ दें? वो भी मेरा ही खून है। मैं कैसे बुरा कहूँ उसे और फिर बेटी भी आँखों के सामने रहेगी।'

'कल को कुछ होता है तो हम मिलकर सँभाल लेंगे।' अब्बा ने बेटे की बात का जवाब दिया। इस पर बड़े भाई और भी नाराज हुए।

कहा—'हम दो-तीन साल और देख लेते हैं, हो सकता है कुछ अच्छा रिश्ता मिले। वैसे भी वो अभी बालिग नहीं है।'

'मुझे मत पढ़ाओ अपने कानून। हमारे मुताबिक यही उम्र ठीक है उसकी शादी को।'

'हर बात में आप यह शरिया की दुहाई न दिया करें। व्यवहारिक होने की जरूरत है आपको।' करीम के लहजे में तंज था।

अब अब्बा के सब्र ने साथ नहीं दिया, चिल्ला उठे—'क्या अब तुम लोग बताओगे कि क्या सही है और क्या गलत?'

'मैंने भाई को जबान दे दी है। ईद के चाँद में इसका निकाह है। तुम्हें पसन्द हो तो ठीक है, नहीं तो निकाह में शामिल होने की भी जरूरत नहीं।' अब्बा ने अपना फैसला सुना दिया था।

गुड़िया को सही-गलत का फैसला करना नहीं आया था। वो तो सहमी-सी यही दुआ कर रही थी कि अब्बा और भाई का झगड़ा खत्म हो जाये।

किसी नतीजे पर पहुँचती भी कैसे, वो तो अब तक उसी दिशा में चल रही

थी, जहाँ उसके अब्बा ले जा रहे थे या चलने को कह रहे थे।

वो उनके निर्देशों की इतनी आदी है कि कोई उससे आकर कहे कि एक दिन उसे अपने मन मुताबिक ज़िन्दगी जीना है, तो उसे समझ ही ना आये कि अपनी मर्जी से कैसे जिया जाता है? वो तो कठपुतली थी कि जहाँ डोर खींच दी, वहीं मुड़ गयी।

पूरा इख़्तियार वो अपने खुदा यानी वालिद को दे चुकी थी या यूँ भी कि वो इख़्तियार उन्होंने उसके पैदा होते ही उससे छीन लिया था।

उसे तो इतना ही पता था कि वालिद-वालिदा जो करते हैं, अच्छा ही करते हैं। इसी विश्वास के दम पर उसे अपनी आगे की ज़िन्दगी की भी चिन्ता नहीं थी।

घर में उसकी अपनी पसन्द की एक ही जगह थी और वो था उसकी चिड़ियाओं का पिंजरा।

वो अपनी चिड़ियाओं से बहुत प्यार करती थी। ठीक वैसे ही जैसे उसके अब्बा उससे किया करते थे। पूरा ध्यान रखती उनके खाने-पीने का। कभी कोई चिड़िया सुस्त दिखती तो वो चिन्ता में पड़ जाती। पूरे दिन उसके ठीक होने का इन्तजार करती रहती। उसे सहलाती, प्यार करती ठीक वैसे ही जैसे उसके अब्बा उसके बीमार होने पर चिन्तित हो जाते।

एक बात उसमें और अब्बा में जुदा थी। वह यह कि गुड़िया अपनी चिड़ियाओं के रंग-बिरंगे पंख देखकर रोमांचित होती थी। जबकि अब्बा उसकी खूबसूरती देख चिन्ता में रहते।

उसका गोरा रंग इतना चमकता कि अँधेरा भी रोशन होने लगे और यही उनके डर की वजह भी रही।

उन्हें लगता था कि कहीं उसकी खूबसूरती पर लड़के बात करने लगे तो उसकी बदनामी होगी और उनकी भी। यही वजह थी कि कम उम्र और शादी से पहले ही उन्होंने उसे बुर्का थमा दिया।

पहली बात तो उसे कहीं आने-जाने की इजाजत नहीं थी। किसी शादी-ब्याह में जाये भी तो अपनी अम्मी के साथ बुर्का ओढ़कर जाती थी। ठीक ऐसे ही गुड़िया ने भी अपनी चिड़ियाओं को खूबसूरत पिंजरे में कैद कर रखा था।

और उसे अपने बुर्के से प्यार हो चला, जैसे उसकी चिड़ियाओं को पिंजरे से था कि कभी पिंजरा खुला भी छूट जाता तो वे उड़ने की कोशिश नहीं किया करतीं। यह देख गुड़िया को गुमान हो चला था कि चिड़ियाँ भी उससे बेहद प्यार करती हैं, इसीलिए वे नहीं उड़तीं। वे क्या जाने कि उन्हें अब खुले परवाज की आदत नहीं रही थी। ठीक वैसे ही जैसे गुड़िया ने आजाद या स्वच्छन्द ज़िन्दगी को ख़्वाब में भी नहीं जिया। तो उसकी भी आदत नहीं रही थी अब्बा के दिए परदों से बाहर जीने

की। सारे परदे–बन्दिशें उसे अपनी ज़िन्दगी का हिस्सा लगने लगे थे।

वह जब भी अम्मी के साथ बाज़ार जाती उसकी नज़र नये–नये तरह और रंगों के बुर्कों पर टिक जाती। नये सूट खरीदने में उसे इतनी दिलचस्पी नहीं थी, जितनी कि बुर्कों में।

अब्बा भी कभी उसके बुर्के खरीदने या उस पर ढेरों पैसा खर्च करने पर पाबन्दी नहीं लगाते। वैसे भी पाबन्दी पर, पाबन्दी थोड़े ही लगाई जा सकती है।

घाटगेट बाज़ार भी इस इलाके में रहनेवाली औरतों के हिसाब से ही है। यहाँ कपड़ों से ज्यादा दुकानें बुर्कों की हैं। कहीं कढ़ाईदार तो कहीं नेटवाले बुर्के। कई दुकानदार तो अपने दर्जी से डिजाइनर बुर्के सिलवाते फिर उन्हें पाकिस्तान से आया बताकर दोगुनी रेट वसूलते।

चूँकि औरतें भी बुर्के की फैशन में किसी से पीछे नहीं रहना चाहतीं, पाकिस्तानी बुर्के हाथोंहाथ लेतीं। फिर उन पर इतरातीं।

इस गोल दुनिया के जाने कौन से गोलार्द्ध पर यह इलाका पड़ता कि दुनियावी इल्म की रोशनी यहाँ तिरछी ही पड़ती। बेहद पतली लकीर–सी, हल्की–सी। तभी तो लड़के ही यहाँ मुश्किल से पढ़ पाते तो लड़कियों का तो सवाल ही नहीं।

गुड़िया भी इसी माहौल को ज़िन्दगी मान बैठी थी। कभी यहाँ से बाहर ही नहीं निकली तो कैसे जानती कि दुनिया घाटगेट से बहुत आगे तक जाती है। इस दुनिया के बीच में कई देश थे। कहीं सर्दी ज्यादा तो कहीं गर्मी। और सात समुद्र भी हैं। यह तो उसने किताबों में भी न पढ़े थे।

वो विदेश के नाम पर खाड़ी देश दुबई, अरब को ही जानती। जहाँ उसके कई सारे रिश्तेदार कमाने को निकल गये थे।

उसके अम्मा–अब्बा ने इस दरवाजे से बाहर की दुनिया दिखाई ही नहीं तो वह कैसे लाँघती इस दहलीज को।

वो तो अब बस अपनी शादी की तैयारियों को लेकर मशगूल थी।

उसके लिए शादी का मतलब जिम्मेदारी या नयी ज़िन्दगी से नहीं था, वो तो बस नये कपड़े और गहनों के बारे में सोच-सोचकर ही उत्साहित हुए जा रही थी।

अब अम्मा के कहने पर नहीं बल्कि खुद की मर्जी से नये–नये कामदार, लाल–गुलाबी चटख रंगों के कपड़े पहनेगी।

हर दिन नये रंग की सुर्खियाँ होंठों पर लगाएगी। हर कोई उसके गोरे रंग के साथ लाल जोड़े की तारीफ करेगा।

उसकी कजिन शाहीन रिश्ते पर बधाई देने आयी तो उसने अपनी सारी खुशी की गठरी उसके सामने खोल दी कि कैसे वो नये कपड़ों और गहनों को सँवारा करेगी।

शाहीन बोली—'हट, पागल कहीं की। बस कपड़े ही नहीं होते शादी का मतलब।'

'तो और क्या होता है, यही कि सास मारेगी।' यह कहते गुड़िया हँस दी।

'नहीं, इसका मतलब तो शौहर भी होता है।' उसे चिकोटी काटते हुए शाहीन ने कहा।

शौहर के बारे में सुनते ही उसकी गर्दन झुक गयी और यहाँ-वहाँ ताकने लगी। उसके बदन में जैसे एक सिहरन-सी उठी। उस लहर में वह कपड़े-गहने समेत बह गयी।

अब तो उसके खयालों में शौहर यानी वसीम डेरा जमाये रहने लगा था। वो खयालों में ही लाल जोड़े में लिपटी अपने आपको वसीम की बाँहों में कसा हुआ पाती थी।

अम्मी ने जैसे ही मँगनी का जोड़ा उसे दिखाया, उसका चेहरा सुर्ख हो चला। आँखें शर्म से झुक गयी। गालों पर लटें बिखरने लगीं। अपनी हथेलियों से ही अपना चेहरा छिपा लिया।

अम्मा ने कहा—'सुनो, बेटी को मगनी का जोड़ा खूब पसन्द आया है।'

यह सुन अब्बा मुस्करा दिए और तिरछी नजर डाली पास ही बैठे बड़े बेटे पर।

करीम का मन जल गया। उसे लगा उसकी बहन को ये महज अपने फर्ज से आजाद होने के लिए नयी बेड़ियाँ दे रहे हैं। लेकिन गुड़िया से क्या कहे? वो तो इन बेड़ियों को जेवर समझकर ही खुश है। उसे कैसे कहे कि तेरे ये सपने हक़ीकत में खुशनुमा नहीं हो सकते।

उसके लिए अब्बा के सामने बैठना मुश्किल हुआ जा रहा था। बाहर बरामदे में आते-आते आँखों से आँसू बह निकले थे। कन्धे पर हाथ देख वह चौंक गया और आँसू पोंछते हुए पलटा। सामने गुड़िया थी।

'भाई आप इतना ना सोचें मेरे बारे में। अब्बा जो करेंगे अच्छा ही करेंगे।'

'उन्होंने आज तक मेरा कोई बुरा नहीं चाहा तो आगे भी उनकी दुआओं से अच्छा ही होगा। आप यों ही परेशान हो रहे हैं। और मुझे पैसा चाहिए ही नहीं तो उसकी नौकरी हो ना हो क्या फर्क पड़ता है।'

'ताया अब्बा मुझे खाना खिलाने से इंकार तो नहीं करेंगे, फिर आप भी तो हो ना।' यह सुन भाई ने बहन को गले लगा लिया।

उसकी मासूमियत पर भाई को रोना आया। वह वाकई नहीं समझ रही कि आवारागर्दी और बेरोजगारी से घर तो चल लें, रिश्ते नहीं चल पाते।

रोजे शुरू हो गये थे। तेज सर्दी में रोजे आरामदेह तो नहीं लेकिन मुश्किल भी नहीं थे। अपने चारों भाइयों, अब्बा-अम्मी की सेहरी बनाने की जिम्मेदारी भी

गुड़िया पर ही थी। वो सुबह तीन बजे ही उठ जाती। अपनी चिड़ियाओं को दाना देकर रसोई पकाने में जुट जाती।

सभी की पसन्द का ध्यान रखते हुए वह आधे घंटे में सब तैयार कर देती। सवा चार बजे तक सेहरी खत्म कर सभी नमाज का इन्तजार करते। नमाज के बाद फिर इस घर में सभी सो जाया करते।

लेकिन गुड़िया को अब नींद नहीं आती थी। रोजों के दौरान कोई और खयाल रोजा मकरुह ना करे, इसके चलते वह कुरआन पढ़ने बैठ जाती, ताकि शैतान से दूर रह सके। फिर सोचती यह शादियाँ ईद के चाँद नहीं होनी चाहिए। इससे पहले हर लड़का-लड़की अपनी आनेवाली ज़िन्दगी के बारे में सोचा करते हैं और इस दौरान रोजे ही होते हैं और रोजों में इन खयालों पर भी पाबन्दी है।

वो फिर खुद पर ही हँसा करती कि ऐसे सवाल किसी से करूँगी तो वो उसके बारे में क्या सोचेगा?

अपने मन को बाँधे रखने की ऊहापोह में वह रोजे के दिन काटने लगी।

शाम को अस्र की अजान के बाद तो जैसे उसके पास मरने को भी वक़्त नहीं होता। लहसुन-अदरक छीलकर सिल पर मसाला पीसती, पकौड़ों के लिए दाल पीसती। अम्मा भी बराबर रसोई में लगी रहती।

जब रोजा खुल जाता, तब मगरिब की अजान के बाद दोनों माँ-बेटी कुछ राहत पाती थीं। नमाज पढ़कर कुछ सुस्ता लेती थीं।

इसी दौरान गुड़िया मन के दरवाजों को कुछ देर के लिए खोल देती और खयालों को इजाजत देती थी आने के लिए।

यों तो मन को बाँधना किसी के वश में नहीं, लेकिन गुड़िया के लिए यह ख़ास मुश्किल नहीं था। उसने तो बचपन से ही अपने मन को बाँधने का गुर सीखा था।

स्कूल की ओर मन दौड़ता तो वह अब्बा और भाई की लड़ाई देख उसे वापस लौटा लाती। बाहर गली में बच्चों के साथ खेलने का मन होता तो रसोई में लहसुन छिलने के पीछे इस उछल-कूद को दबाने की कोशिश करती। अपनी सहेलियों से अकेले में कोई बात करना चाहती तो घर की बन्द खिड़कियों से ही मन बहला लेती।

नमाज के बाद वो जब लेटती तो मन को वसीम की ओर भागने देती, उसे नहीं रोकती।

वसीम को तो वो बचपन से भाई कहते आयी है, अब क्या कहेगी, यही सोचती और शरमा जाती। कभी लगता कि वसीम उसके पास ही है और उस पर अपनी बेइन्तेहा मोहब्बत लुटा रहा है।

खयालों में कह रहा है—'तुम इतनी खूबसूरत हो कि तुम पर सारी दुनिया

लुटा देने को मन कर रहा है।

'तुम जो चाहे माँग लो, मैं तुम्हें हर खुशी दूँगा जो तुम चाहोगी।'

और इस पर वह कहेगी कि 'तुम अच्छे शौहर की तरह नौकरी करो और इधर-उधर घूमना छोड़ दो।' उसे यकीन था कि ऐसा ही होगा, वो कहेगी और वसीम आवारागर्दी छोड़कर एक अच्छी ज़िन्दगी जियेगा, ताकि उसके भाइयों को गम ना रहे कि अब्बा ने उसके साथ गलत किया। यह सोचकर ही गहरी साँस लेती कि वह सब ठीक कर देगी।

गुड़िया, गुड़िया... अम्मा की आवाज सुन वो बिस्तर से उठी, दुपट्टा गले में डाला और रसोई की ओर चल दी।

वो समझ गयी कि अब्बा—भाई नमाज पढ़कर आ गये हैं और अब उनके लिए खाना लगाना है।

अम्मी सालन को प्लेटों में डालने लगी। उसने कटोरदान से रोटियाँ निकालीं और थालियों में कपड़ा लगाकर उस पर गर्म रोटियाँ रख दीं। आज इफ़्तार में हलवा बनाया था, उसी को तश्तरियों में सजा मीठे की कमी पूरी की।

दस्तरख्वान सज गया था। सभी यहाँ साथ बैठकर खाना खाते थे। अब्बा-अम्मा, चारों बेटे और बेटी गुड़िया। गुड़िया सबसे पहले खाना खाकर फारिग होती थी और फिर सभी की खातिर में लग जाती।

आज उठने को हुई तो अब्बा ने पहली बार टोका। 'अरे यह क्या? इतनी जल्दी खा लिया। नहीं ऐसा नहीं चलेगा। देखो, तुम कितनी कमजोर हो रही हो। सेहत का खयाल रखो। चलो एक चपाती मेरे साथ खा लो।'

अब्बा के मुँह से आज इतनी तवज्जोह पाकर गुड़िया को पहली बार लगा कि वह बहुत ख़ास है। आमतौर पर वह कभी साफ नहीं कह पाती थी कि अब्बा के लिए वह ख़ास है या नहीं। आज वाकई उसे लगा कि वो भाइयों के लिए ही नहीं उनके लिए भी अव्वल है।

उसने गर्दन झुकाकर खुद पर नजर डाली, सोचा— 'पहले से ही ऐसी ही हूँ, फिर आज अब्बा को क्यों खयाल आया।'

आँखों में मोती चमकने लगे उन्हें ढुलने से पहले ही सँभाल लिया और अब्बा के इशारे पर उनके पास जा बैठी।

गुड़िया को भूख बिलकुल नहीं थी, लेकिन जिस खुलूस को उसने कभी महसूस नहीं किया था, उसकी भूख उसे आज महसूस हुई।

अब्बा ने उसके आगे चपाती कर दी और कहा—'चलो खाओ।' वो बेखयाली से अब्बा की ओर देखती रही और बिना भूख भी उस चपाती को पूरा किया। एक-एक निवाला यों लगा कि मोहब्बत के सालन से तर था।

उसका मन कर रहा था कि वो अब्बा के गले लगकर फूट-फूटकर रोए, लेकिन वो यह भी नहीं जानती थी कि इसकी इजाजत भी अब्बा देंगे या नहीं।

आज की शाम उसे लिए नेअमत से कम नहीं थी। उसे लगा रोजे रखने के बदले में अल्लाह ने खुश होकर उसे ईनाम दिया है। उसने अल्लाह का शुक्र अदा किया।

करती भी क्यों नहीं। बचपन से ही बस सुनती आयी थी कि अब्बा उससे बहुत प्यार करते हैं, उसे भी इस बात की बस जानकारी ही थी, यह प्यार कैसा होता है, आज जाना।

'अम्मा, वाकई अब्बा को तो मेरी खूब परवाह है।' बिस्तर पर अम्मा के पास लेटी गुड़िया ने कहा।

'हाँ, लाडो वो तो तू पैदा हुई तबसे करते हैं, लेकिन जाहिर नहीं कर पाते।' अम्मी ने जवाब दिया।

कहा—'यह तेरे साथ नहीं हर बेटी के साथ होता है। हर घर में आम है कि वालिद अपना प्यार बेटियों के लिए जाहिर नहीं कर पाते। यह शायद मर्दों की फितरत होती है।'

गुड़िया गौर से अम्मा की बातें सुनने लगी, उसकी बड़ी आँखें टिमटिमा रही थीं।

'अब देख ना मुझे शादी को 26 साल बीत गये लेकिन तेरे अब्बा ने आज तक नहीं कहा कि वे मुझसे मोहब्बत करते हैं। ऐसे ही होते हैं मर्द।'

'क्या?'

'सच, अम्मा एक बार भी नहीं कहा?' गुड़िया ने सवाल किया।

'हाँ, सच ही कह रही हूँ कि कभी जाहिर नहीं किया। मैं तो सालों तक इन्तजार करती रही कि ये कभी मेरे कायल होकर कहेंगे कि वो मेरे बिना नहीं जी सकते।'

'कहेंगे कि मैं बहुत खूबसूरत हूँ, कहेंगे कि तुम दुनिया की सबसे अच्छी बीवी हो।' और एक लम्बी साँस ली अम्मा ने।

फिर कहा—'लेकिन जल्द ही मैं समझ गयी कि मर्द यह सब नहीं कहते। यह तो बस औरतों के ख़्वाबों की बात होती है।'

वो अचानक मुड़ी और गुड़िया से मुखातिब होकर बोली—'तू भी उम्मीद ना करना कि शौहर यह सब कहे। यह ख़्वाब पूरे नहीं होते तो चुभते हैं। मत देखना ऐसे ख़्वाब।' अम्मा ने फिर करवट बदल ली। अब गुड़िया पलंग के इस छोर पर अकेली थी।

वो मुस्कराई और आँखें टिमटिमाते हुए कहा—'नहीं, मैं तो ख़्वाब देखूँगी। और देखना पूरे भी होंगे।' यह इन दिनों का ही असर था कि वह किसी भी उदासी

में नहीं पड़ना चाहती थी, बस ख़्वाब और मोहब्बत दो ही बातें उसके आसपास उस पर हावी हुए जा रही थीं।

उसकी ज़िन्दगी का यह पहला अहसास था। जो उसे अकेले में भी शर्म से लाल कर देता था। पन्द्रह साला गुड़िया को खुद में एक भरपूर औरत महसूस हुआ करती। अपने सीने में उठते बदलावों को वह बखूबी समझने लगी थी।

रोजे की हालत में भी सुबह का काम कर दोनों माँ-बेटी हाथ में थैला लिए निकल जातीं। ईद का त्योहार, इस पर शादी की तैयारियाँ। कभी चूड़ियों की दुकान तो कभी जेवरों के लिए सुनार की दुकान पहुँच जातीं।

घाटगेट से लेकर रामगंज तक की दुकानों को पैरों से नाप लिया था दोनों ने। पैदल-पैदल ही दो से तीन किलोमीटर चल देतीं। अम्मा का कहना था कि पैदल चले तो कई दुकानों पर मोल-भाव का मौका मिल जाता है।

'अम्मा, शाहीन कह रही थी कि दड़ा बाज़ार में सारा नया और फैशनेबल सामान मिलता है, वहाँ से भी खरीदारी करेंगे।'

गुड़िया की बात सुनकर ही आज अम्मा ने दड़ा बाज़ार का रूख किया।

वैसे वे यहाँ तक साल में एक आध बार ही आती थीं, वरना तो घाटगेट रामगंज बाज़ार में ही कपड़े-बर्तन से लेकर फर्नीचर तक सब मिल जाता था।

रामगंज चौपड़ आते-आते गुड़िया की साँस फूल आयी।

'अम्मा रिक्शा ले लेते हैं ना। रोजा लग रहा है। आप भी नहीं चल पाओगी।'

'हाँ, मैं भी यही कहने वाली थी। चल रोक रिक्शा।' सिर से पैर तक बुर्के में ढकी गुड़िया ने रिक्शा को हाथ से इशारा कर रोका।

'भाई दड़ा चलना है, कितना लेगा', अम्मा ने रिक्शा का भाव कराया।

रिक्शावाला बोला, '20 रुपया लूँगा।'

'अरे, कोई बाहर का समझा है। हम तो यहीं के हैं, दस-दस रुपए में तो घाटगेट से दड़ा जाते हैं और तू चौपड़ से ही 20 रुपया माँगता है', अम्मा ने अपनी होशियारी का परिचय दिया।

'अरे माँ जी क्यों रोजों में बहस करती हैं, कितना महँगा हो रहा है बाज़ार और हम गरीबों से मोल-भाव करती हो', रिक्शावाला भी बेचारगी दिखाने में माहिर था।

गुड़िया ने अम्मा के कान में कहा—'दे दो ना बेचारे को 20 रुपए ही तो है।'

'नहीं, नहीं, चलो अब 15 ले लेना, इससे ज्यादा नहीं दूँगी।' अम्मा ने बीच का रास्ता निकाल लिया।

रिक्शावाले ने दोनों को बैठाया और अम्मा से 15 रुपए लेने को राजी हो गया।

सर्दी थी लेकिन बाज़ार घूमते-घूमते दोनों को पसीने छूट गये। अम्मा को लगा आज तो बटुआ खाली करवाकर ही मानेगी यह गुड़िया।

'अम्मा देखो ना इन चूड़ियों का रंग कितना अच्छा है, मेरा तो मन कर रहा है कि इसी रंग का एक जोड़ा और ले लूँ।' अम्मा ने तिरछी नजर से देखा और फिर मुस्करा दी।

'चल ले-ले। तेरे अब्बा ने कहा है कि तुझे जो पसन्द हो दिला दूँ, ना नहीं कहूँ और तू है कि फायदा उठाए जा रही है।' उन्होंने मीठी डाँट लगायी। गुड़िया हँस पड़ी और चल दी रेडीमेड गारमेंट की दुकान की ओर चूड़ियों की मैचिंग का जोड़ा खरीदने।

दोनों ही थक गयी थी और शाम के साढ़े चार बजने को आये थे। अम्मा ने फिर रिक्शे वाले को पुकारा। इस बार वे 20 रुपए देकर घाटगेट तक आ गयी थीं। मोलभाव कराने में अम्मा का जवाब नहीं था।

'देखो—भाई यह मुझ पर कैसा लगेगा!' चारों भाइयों में तीसरे हाशिम से उसकी दोस्ती अच्छी थी। वह अपनी लाई हर चीज उसको दिखा रही थी। हाशिम मियाँ भी बड़े चाव से उसकी हर चीज की तारीफ कर रहे थे।

'अरे, गुड़िया यह हरा रंग तो वाकई में बहुत अच्छा है। इसके सितारे भी चमकदार हैं। तुझपर यह सूट खूब फबेगा। तू वाकई में किसी गुड़िया से कम नहीं लगेगी।' हाशिम मियाँ ने कहा।

यह सुन गुड़िया ने सूट अपने सीने से लगा लिया और आईने में भाई की बात को पुख्ता करने को खड़ी हो गयी। हाशिम मियाँ उसे खिलखिलाते देख खुश हो रहे थे।

देखा बहन वसीम के साथ अपने मुस्तकबिल को लेकर कहीं से भी फिक्रमन्द नहीं है। बस अपने ख्वाबों और इन कपड़ों के रंगों में ही खुश हो रही है।

हाशिम मियाँ कोई ज्यादा बड़े नहीं थे। कोई 20 साल की उम्र होगी। लेकिन कॉलेज तक जाते-जाते ज़िन्दगी की काफी समझ आ गयी थी। आवारा घूमते लोगों और पढ़े-लिखे लोगों की समझ में अन्तर करना आ गया था। यही कारण था कि वो भी वसीम को पसन्द नहीं करते।

हाशिम मियाँ का यह शक़ गुड़िया की खुशी के आगे दब जाया करता, सो उन्होंने कोई ख़ास विरोध नहीं किया।

अपने दूसरी कौम के दोस्तों के घर आना-जाना था तो समझ आ गया था औरतों की उनके घर में और उसके अपने घर में क्या हालत थी।

बड़े भाई की तरह उसे भी लग रहा था कि यह गुड़िया के लिए ठीक नहीं होगा, लेकिन कहीं-न-कहीं अब्बा के फैसले पर भरोसा भी था।

'आखिर तो वे हमारे, गुड़िया के रहनुमा जो हैं। उन्हें हम पर पूरा हक़ है। खुदा के बाद हमारी ज़िन्दगी में उन्हीं का दर्जा है, हमारे वालिद होने के नाते। जैसे

अल्लाह अपने रहम से महरुम नहीं रखता वैसे ही एक वालिद अपनी रहनुमाई से कैसे महरूम रखेगा।' यह सोचकर हाशिम मियाँ अपने दिल को दिलासा देने लगे।

'या अल्लाह, रहम करना, गुड़िया की नजर में भी अब्बा रहनुमा ही रहे, मान रख लेना।' उसने हाथ आसमान की ओर उठा दिए और दुआ करने लगा। इस बात से अनजान कि गुड़िया भी वहीं खड़ी है।

कपड़े छोड़ भाई के पास आयी और उठे हाथों को पकड़कर बोली—'क्या हुआ भाई। कहाँ खोए हो?' हाशिम मियाँ चौंक गये।

अपने आपको सँभालते हुए बोले—'नहीं, नहीं कुछ नहीं।' यह कह कमरे से चल दिये।

गुड़िया हैरान थी। उसे अपने भाइयों का डर दिखायी दे रहा था, लेकिन वह साफ नहीं समझ पा रही थी।

'देख जरा, यह गुलाबी चूड़ियाँ तो मेरे बैग में ही रह गयी।' अम्मा कमरे में दाखिल होते हुए बोली।

'हाँ इन्हें मैं कब से ढूँढ रही थी। उस गुलाबी जोड़े के साथ टाँगना था। मुझे लगा कि मैं दुकान पर ही छोड़ आयी।'

'देखो, कितनी मासूम है ना वो। उसके लिए शादी का मतलब बस रंगीन कपड़ों और जेवरों तक ही है। इससे ज्यादा वह कुछ नहीं जानती।' बड़े भाई ने पास बैठे अपने दूसरे छोटे भाई से कहा।

'हाँ, यह सही है, लेकिन वो खुश है ना, हमें इससे ज्यादा क्या चाहिए। और वैसे भी वसीम उसे खुश रख सका तो ठीक है और नहीं रख सका तो हम उसे वापस घर ले आएँगे।'

'हम चार भाई तो हैं ना।' छोटे भाई ने कहा।

'यह क्यों सोचे? पहले ही किसी अच्छी जगह रिश्ता हो तो कम-से-कम हम आगे इसे घर बैठाने की तो ना सोचें।' बड़े भाई ने अपनी समझदारी दिखायी।

'भाई आप भी ना, हर बात को दिल से लगा लेते हो। यह पहले से कौन बता सकता है कि रिश्ता अच्छा रहेगा या नहीं।'

छोटे भाई ने लापरवाही से ही कहा—लेकिन फिर भी बात कुछ गलत नहीं थी। इस पर बड़े भाई लाजवाब थे।

सामने ही की मस्जिद में ईशा की अजान हो रही थी। लोग तरावीह की तैयारी कर रहे थे। अब्बा अपने चारों बेटों के साथ घर से निकले। अम्मा भी वजू के लिए उठी ही थी कि फोन की घंटी बज उठी।

हैलो...

'अस्सलामअलैयकुम।' दूसरी ओर उनकी जेठानी की आवाज थी, अम्मा

पहचान गयी।

'वालेयकुम अस्सलाम भाभीजान कहिए, सब खैरियत!'

'जी, अल्लाह का शुक्र है, खैरियत से हैं। मैंने इसीलिए फोन किया था कि आप लोगों की इजाजत हो तो तरावीह के बाद हम गुड़िया की ईदी की रस्म करना चाह रहे थे।' दूसरी ओर से जेठानी ने कहा।

'हाँ, हाँ। क्यों नहीं। जब चाहे आ जाओ, आप ही का घर है।'

'वो तो ठीक है, लेकिन मैंने तो पहले से ही इसीलिए बता दिया ताकि आप खातिर तवज्जोह की तैयारी अच्छे से कर सकें।

वैसे भी बेटी के ससुरालवाले आये तो उनकी खातिर के लिए वक़्त तो चाहिए ना।' जेठानी ने इस बार गुड़िया की सास होने का अपना हक़ जता दिया था।

अम्मा बखूबी समझ रही थी खातिर तवज्जोह की बात, पहले ही जेठानी होने का घमंड था, अब बेटी ली है तो रौब बढ़ना जायज ही था।

'गुड़िया...क्या कर रही है?'

'क्यों आवाज दे रही हो। नमाज पढ़ने जा रही हूँ।'

अम्मा बोली—'रहने दे अब देर रात पढ़ लेना। जा, तैयार हो जा और रसोई में मेरी मदद कर दे।'

'क्यों, सभी ने तो खाना खा लिया, अब क्या?'

'अरे, वो तेरी सास आ रही है ईदी लेकर।' यह सुन वो खुशी के मारे उछल पड़ी।

'वाह, एक और नया सूट, इसे भी दहेज के लिए रख लूँगी। वैसे भी ईद के लिए तो बनवा ही लिया है। इसके साथ जेवर का एक सेट तो आयेगा ही और नये चप्पल भी। मेकअप का सामान भी नहीं खोलूँगी अभी। शादी के बाद इतनी दावतों में जाना होगा तो काम आयेगा। तब तो मेकअप की बहुत जरूरत रहेगी।'

'अरे यह क्या कर रही है। सर्दी में शरबत पिलायेगी क्या उन्हें?' गुड़िया को पानी में शरबत की शक्कर घोलते देख अम्मा चिल्लायी।

गुड़िया खयालों से निकली तो हँस दी, कि वाकई वह अपनी ईदी में इतना खो गयी कि उसे ध्यान ही नहीं रहा कि सर्दी है और चाय का इन्तजाम करना होगा। उसे याद आया, बड़ी अम्मी को वह कभी पसन्द नहीं रही। सलाम का जवाब तक ढंग से नहीं देती थीं। जबकि उनके परिवार में वही एक बेटी थी, लेकिन फिर भी उसे ख़ास तवज्जोह नहीं मिली।

हाँ, ताया अब्बा जरूर उससे मोहब्बत से बात किया करते। हमेशा उसे देख खुश होते लेकिन बड़ी अम्मी का तो दिमाग ही चढ़ा रहता। इसीलिए उसे बड़ी अम्मी के सामने जाना ख़ास पसन्द नहीं था। वे उनसे दूर ही रहा करतीं।

यह सोच गुड़िया का मन कुछ तल्ख हो उठा, लेकिन दूसरे ही पल उसने इन बातों को दरगुजर करना ठीक समझा।

वो अपने प्यारे-प्यारे सपनों के बीच बड़ी अम्मी की तल्खी नहीं लाना चाहती थी। सो, इन बातों को दिमाग से झाड़ा और कटोरियाँ ट्रे में जमाने लगी।

अम्मा चाय के लिए अलमारी से नये कप निकाल रही थी, और शायद कुछ बड़बड़ा भी रही थीं। गुड़िया समझ रही थी कि उन पर जेठानी की हुकूमत तारी थी, एक गलती रहने पर भी वे बेइज्जती करते जरा भी नहीं हिचकतीं, तो अम्मा भी उनको कोई मौका नहीं देना चाह रही थी।

जब भी बड़ी अम्मी आनेवाली होती अम्मा कुशन से लेकर दरियाँ और क्रॉकरी तक नयी काम में लेतीं।

बड़ी अम्मी दो गलियाँ छोड़ तीसरी गली में ही रहती थी। फिर भी उनके आने से पहले अम्मा जितना हो सके अपने घर में चार नहीं तो एक-दो चाँद जोड़ने की कोशिश करने लगती।

हालाँकि यह सब बेकार जाता। जाते-जाते बड़ी अम्मी ऐसा तंज मारती कि अम्मा जलकर रह जाती। लेकिन अब्बा की वजह से कुछ नहीं कह पाती।

अब्बा का कहना है कि वे जैसी भी हैं बड़ी हैं और बड़ों को बेइज्जत करना उन्हें पसन्द नहीं।

बेटी को फल काटते देख अम्मा को एकबारगी खूब प्यार आया। लगा कि यह चली जायेगी तो उसकी हर आवाज पर कौन ध्यान देगा। इतनी खिदमतगार बेटी चली जायेगी तो मैं तो अकेली ही हो जाऊँगी।

दूसरी ओर उन्हें फिर अपनी जेठानी की शक्ल याद कर ग़ुस्सा हो आया। सोचा—कितनी खुशनसीब हैं वो कि गुड़िया उनके घर को रोशन करेगी।

दोनों ने बैठक के पासवाले कमरे में कालीन ठीक किए। मसनद दीवार के सहारे लगाए।

यह कमरा मेहमानों के लिए था। जब भी मेहमान आते औरतों को यहीं बैठाया जाता।

और अक्सर यहाँ भाई आराम कर रहे होते। कभी-कभार अपने दोस्तों के साथ चाय भी इसी कमरे में पीते।

यहाँ पूरी बैठक भी जम जाती। कभी अब्बा के जयपुर से बाहर से मेहमान आते तो वे भी इसी कमरे में ठहराए जाते। बैठक के बराबर के इस कमरे का भी एक दरवाजा बाहर सड़क पर ही खुलता।

बाहर से मेहमान आते तो अन्दर दालान की ओर खुलते दरवाजे को अन्दर-बाहर से बन्द कर दिया जाता, ताकि घर की औरतों का पर्दा बना रहे। उनके लिए

खाना या जरूरत की दूसरी चीजें भी बैठक से बाहर होकर फिर उसके बाहर वाले दरवाजे से ही मेहमानों तक ले जाई जाती।

यह चक्कर भाइयों के लिए थोड़ा लम्बा पड़ता लेकिन अम्मा और गुड़िया को दालान से होकर रसोई या अपने कमरे में जाने के लिए मेहमानों का सामना ना करना पड़े इसके लिए यह चक्कर वे खुशी-खुशी काटा करते थे।

बाहर किसी के आने की आहट सुनी तो दोनों माँ-बेटी उठ खड़ी हुईं। परदे के पीछे से ही बड़ी अम्मी ने सलाम किया।

'अस्सलामअलेयकुम' यह कहते बड़ी अम्मी अन्दर दाखिल हुई।

'वालेयकुम अस्सलाम', कहते हुए अम्मा ने आगे बढ़कर उनका इस्तकबाल किया।

थोड़ी देर पहले की तल्खी अब चेहरे की मुस्कराहट में बदल चुकी थी। अब वे अपनी जेठानी का पूरे खुलूस और मोहब्बत के साथ इस्तकबाल कर रही थीं।

गुड़िया ने सलाम किया तो बड़ी अम्मी ने उसके सिर पर हाथ रखते हुए सलाम का जवाब दिया और ढेर सारी दुआएँ भी। इसके बाद उसे गले से लगा लिया और कहा—'कैसी हो नाजमा।'

'ठीक हूँ। आप सभी कैसे हैं?'

'अल्लाह के करम से सब ठीक हैं।' अब बड़ी अम्मी के साथ आयी मोहल्ले की लड़कियों ने अपने हाथ के थाल कमरे में जमाने शुरू किए।

बड़ी अम्मी बोलीं—'ठीक से लगाओ, जोड़े का थाल सबसे आगे लगाना और उसका दुपट्टा ऊपर ही रखना।

नहीं, नहीं... जाने दो, तुम जोड़े को हाथ ना लगाना मैं ही ठीक कर लूँगी। इतना महँगा जोड़ा है, दुपट्टे की एक जरी भी अटकी तो नुकसान होगा।'

यह सुन अम्मा का चेहरा एकबारगी कुछ बिगड़ा तो दूसरे ही पल उन्होंने फिर मुस्कराहट ओढ़ ली।

'देख लो दुल्हन (वो अपनी देवरानी को ऐसे ही बुलाती थी), पूरे सात थाल हैं शगुन के। यों तो ग्यारह भी ला सकती थी, लेकिन अब शादी को दिन ही कितने बचे हैं। एक महीना भी पूरा नहीं तो सोचा बाकी अरमान शादी के शगुन में पूरा कर लूँगी।' उन्होंने कुछ भौंहे चढ़ाते हुए अम्मा से कहा।

गुड़िया पानी के गिलास ट्रे में लिए आ गयी।

पानी का गिलास हाथ में लिए बड़ी अम्मी बोल उठी, 'ऐ बी अब मेरी बहू से काम ना कराओ। अब कितने ही तो दिन हैं तुम्हारे घर में।'

'इतने पर भी बोझ लग रही है क्या बेटी। अभी आराम के दिन हैं, काम तो बाद में भी कर लेगी।' यह सुने अम्मा के दिल में तो जैसे आग लगी।

मन-ही-मन बड़बड़ाने लगी—'सही कहता है करीम, यहाँ शादी से तो अच्छा है कि घर में ही बेटी बैठा लो, लेकिन अब कहाँ ढूँढेंगे लड़का, तभी तो इनकी गरज करनी पड़ी वरना इसकी दहलीज तो नहीं चढ़ती। मेरे भी नासपिटे नसीब को बार-बार इसी की ही दहलीज मिलती है।'क

बड़ी अम्मी ने बड़ी ही नफासत के साथ ईदी के जोड़े का जरी भरा दुपट्टा उठाया और गुड़िया के सिर पर डाल दिया। उसकी बलाएँ ली और ढेरों दुआएँ दीं।

कहा—'देखा मेरी पसन्द के जोड़े में क्या खूब फब रही है गुड़िया। आखिर तो ख़ास बनारस से मँगवाया है। और जरी देखो जरा, हाथ लगे तो मैली हो जाये।'

'खैर, इसे बड़े ध्यान से ओढ़ना, बहुत महँगा है। खराब हो गया तो पैसा बेकार जायेगा।'

गुड़िया ने हामी में सिर हिला दिया।

वे मेकअप बॉक्स की ओर इशारा कर बोलीं—'देख कल ही दुबई से आया है। इसके चलते ही तो ईदी में देरी हुई, वरना मैं तो कब की पहुँचा देती।'

'खैर, मैंने तो सामान तुम्हारे हवाले कर दिया और गुड़िया जाने और तुम जानो।'

'अब यह बताओ कि तुम लोग कब आ रहे हो।' बड़ी अम्मी ने सवाल किया।

'बस, कल ही आते हैं।'

'आपका ही इन्तजार था। रिवाज है कि पहले लड़केवाले लाते हैं, तो इसीलिए हम रुके हुए थे।' अम्मा ने जवाब दिया।

'अच्छा, वैसे तो तुम सारे रिवाज जानती हो। भई, लड़के वाले जितना शगुन लाते हैं लड़कीवालों को उससे दोगुना ही देना होता है।' बड़ी अम्मी ने अपनी बात पूरी की।

सुबह की नमाज पढ़ आज गुड़िया की आँख लग गयी। उसे सोता देख अम्मा को भी थकन का अहसास हुआ, वो भी उसके पास जा लेटी।

अभी तो उसके मन से यह थकन नहीं उतरी थी कि दूसरी चढ़ने को तैयार थी। अभी भी उनका मन डर रहा था कि आज फिर उनसे आमना-सामना होगा। ईदी जो ले जानी है वसीम की।

सारी तैयारियाँ अच्छे से की हैं। हर चीज पर गुड़िया के अब्बा ने खूब पैसा खर्च किया लेकिन वो जानती हैं कि जेठानी इनमें भी नुक्श निकालेगी और यही सोचते उनकी आँख भी लग गयी।

आँख खुली तो घड़ी में सुबह के नौ बजे थे। चौंककर उठी। पास देखा तो

गुड़िया बिस्तर पर नहीं थी। वो डर गयी कि गुड़िया के अब्बा को पता चला कि मैं इतनी देर सोई तो पता नहीं क्या कहेंगे?

बाहर आयी तो देखा, गुड़िया अपनी चिड़ियों को दाना डालते हुए उनसे बातें कर रही है।

अम्मा को आते देख बोली—'देखो, अम्मा मैं जाऊँ तो इनका खयाल रखना। नहीं तो इन्हें भी मेरे साथ भेज दो। वहाँ इनके बिना मेरा मन नहीं लगेगा।' गुड़िया ने कहा।

अम्मा बोली—'नहीं लाडो इन्हें तो यहीं रहने दे। इनकी खूब देखभाल करूँगी। और तू चली जायेगी तो यह तेरी चिड़ियाओं से ही हमारे घर में रौनक रहेगी। हमें भी कुछ सूनापन कम लगेगा।'

'और जो ये कभी उड़ गयी तो...' गुड़िया हँसकर सवाल किया।

'ये कहाँ उड़ती हैं, इन्हें तो आदत पड़ गयी इस पिंजरे की।'

'हाँ, मैंने पिंजरा इतना खूबसूरत जो खरीदा था, और देखो इसे कितना सजाकर रखती हूँ मैं।' गुड़िया ने अम्मा से कहा।

'हाँ, लाडो कुछ पंछी होते हैं, जिन्हें आजाद होने का मतलब ही पता नहीं होता, गुलामी तो उनकी आदत हो जाती है।'

'और पालने वाले सोचते हैं कि उनका पिंजरा आजादी से कहीं ज्यादा अच्छा है इसीलिए पंछी रुक गये...।' यह बात उन्होंने अपने मन में कई बार दोहराई।

यह दोहराकर वो जाने क्या अपने मन को साबित करना चाहती थीं, लेकिन कुछ तय नहीं कर पाई और दालान की ओर बढ़ गयी।

आज तो जौहर से पहले-पहले सारी तैयारियाँ पूरी करनी है। और वसीम की ईदी में ले जाया जाने वाला सामान सँभालने लगी। एक ट्रंक घर के कपड़ों का खाली कर सारा सामान उसमें भरा था।

बड़े बेटे को उन्होंने फल और मिठाइयों की लिस्ट कल ही दे दी थी, लेकिन अब उसमें कुछ इजाफा कराना होगा। यह सोचकर उसे आवाज दी।

'जी अम्मा', कहते वह उसी दालान में आ गया।

अम्मा बोली—'मिठाइयाँ हो सके तो दस-ग्यारह तरह की ले आना।'

'अरे, अम्मा इतनी तरह की ढूँढ़ते-ढूँढ़ते परेशानी होगी। यह कोई बीकानेर थोड़ी है कि कई सारी तरह की मिठाइयाँ एक ही जगह से ले लो।' बेटे ने जवाब दिया।

'मैं, कुछ नहीं जानती। और हाँ, खजूर के पैकेट भी ले आना। एक थाल तो उन्हीं से सजा लूँगी।' अम्मा ने कहा।

'एक थाल भरकर खजूर।' बेटे ने हैरानी से पूछा।

'हाँ तो क्या हुआ। अब सात की जगह 11 थाल तो ले जाने पड़ेंगे ना, वरना तुम बाप-बेटों की ही नाक नीचे होगी।'

यह सुनते ही हाशिम की त्योरियाँ चढ़ गयीं।

'तो क्या जरूरी है कि वे सात थाल लायीं तो हम 11 ले जाएँ। लड़की वाले हैं तो जरूरी नहीं कि हर बात में उनसे बढ़कर ही किया जाये। यह सोच छोड़ दो।'

'मैं तो छोड़ दू, लेकिन तेरी बड़ी अम्मी नहीं छोड़ेगी, समझे।' यह कह वे अपने काम में लग गयी और बेटे सामान लेने चल दिए।

'एक पीढ़ी बदल गयी, लेकिन जमाना नहीं बदला, मेरी शादी में जो रिवाज थे, वही बेटी की शादी में भी निभाने पड़ रहे हैं। मेरी शादी करते जो माँ-बाप ने जिल्लत उठाई, वही उठाने की अब मेरी भी बारी है। जाने कौन-सी पीढ़ी आयेगी जो इनसे आजाद होगी।'

'अम्मा इसकी शुरुआत तो आप भी कर सकती हैं।' कमरे में थैला लेकर आते हाशिम मियाँ ने अकेले-अकेले बात कर रही अम्मा को जवाब दिया।

अम्मा झेंप गयी। हाशिम मियाँ के पीछे-पीछे मिठाइयों के डिब्बे का थैला लिए करीम भी खड़ा था। उसे देख अम्मा और भी डर गयी कि मेरा रोना सुन लिया है तो इसका हौसला बढ़ेगा। इस पर अब्बा से फिर कोई बहस होगी। लेकिन वे हैरान थीं कि उसने कुछ नहीं कहा।

हाशिम मियाँ ने बड़े भाई के पीछे लगी अम्मा की नजरों को भाँप लिया था।

कहा—'अम्मा आप जानती हैं ना भाई को यह रिश्ता पसन्द नहीं फिर भी आप उन्हीं से यह सारी तैयारियाँ करवा रही हैं।'

'तुम लोग नहीं समझते। कोई और रिश्ता ढूँढोगे तो भी कौन-सा अच्छा मिल जायेगा। सारे मर्द एक जैसे ही होते हैं, औरत को तो उसके हुकुम में पिसना ही है। कोई और ढूँढकर भी तुम उसकी किस्मत का लिखा ठीक नहीं कर सकते।' अम्मा ने जैसे अपने मन की बात कही हो।

इस खाली घर में अब बस गुड़िया बची थी। दोनों बड़े भाई कॉलेज से नहीं आये थे। अब्बा भी जौहर की नमाज पढ़ ऑफिस के लिए निकल गये। अम्मा अपनी भानजियों और मोहल्ले की दूसरी औरतों के साथ पैदल ही बड़ी अम्मी के घर की ओर निकल गयी। दोनों छोटे भाई कार में कुछ सामान बड़ी अम्मी के घर पहुँचाने गये।

सर्द दिन में भी आज धूप तेज हो गयी। चुभने लगी थी। पलंग पर पड़े-पड़े गुड़िया ने अपने चेहरे पर शॉल से छाया करने की कोशिश की, लेकिन बात नहीं बनी। धूप में लेटे-लेटे उसे सुस्ती ने घेर लिया था, तो उठने में आलस आ रहा था। लेकिन धूप सिक रही थी, तो उसे उठना ही पड़ा। अपना पलंग दीवार के पास सटा

दिया, ताकि धूप तिरछी पड़े।

दालान में एक ओर पलंग पर घर की बनाई सेवइयाँ सूख रही हैं। उसी के पास बड़े से पिंजरे में गुड़िया की चिड़ियाएँ चहके जा रही हैं। उनके लिए तो धूप चहक़ने की चाबी की तरह थी। सर्दियों में तेज धूप में उनकी चहचहाहट भी बढ़ जाती।

अभी भी उनकी आवाजें इतनी तेज थीं कि लग रहा था मानो उनमें झगड़ा हो गया है। गुड़िया के आराम में खलल पड़ने लगी तो वो उठी और पिंजरे के सामने जोर से चिल्लाई—'चुप।' वाकई में चिड़ियाएँ एक साथ चुप हो गयीं।

इस पर गुड़िया हँस पड़ी और पास ही पड़ी फटी दरी को तिरछा कर पिंजरे की छत पर डाल दिया। ताकि उन पर धूप सीधी नहीं पड़े और उनकी लड़ाई धीमी पड़ जाये।

चिड़ियाओं की आवाज कम होते ही दालान में सुकून ही सुकून पसर गया। आँगन में लगे लाल पत्थर चमक रहे थे। एक कोने में लगे मोगरा और रातरानी की हरी चटख पत्तियाँ धूप में भी हवा के हलके हिलोरे से हिलने लगीं। उन पर भँवरे मंडरा रहे थे। कल रात के खिले फूल अब झड़ कर मिट्टी में खुशबू फैला रहे थे।

करवट लिए वो इन फूलों की ओर ताक रही थी। उसकी आँखें टिमटिमा रही थीं। उन सफेद फूलों की खुशबू उसके कानों से भी आ रही थी। कल शाम को ही ताजे फूल तोड़कर उसने अपने कानों में डाल लिए थे।

उसका बस चले तो फूलों के गहने बनाकर पहन ले। हाथों में, गले में और बालों में भी लगा ले। लेकिन अब्बा और भाइयों से झिझक के चलते यह सब नहीं कर पाती।

'लेकिन कोई कुछ भी कहे फूलों को पहनकर तो यों लगता है, जैसे परियों के देश में हूँ। हवा के साथ इनकी खुशबू भी मेरे साथ-साथ चलती है।'

फिर तो उसका मन फूलों की खुशबू के साथ-साथ यहाँ-वहाँ महक़ने लगा। उसने सोचा ससुराल में जाकर तो अब्बा और भाइयों को कोई जवाब नहीं देना होगा। वहाँ वे फूलों को गूँथकर अपने बालों में तो जरूर लगाएगी। वैसे भी शादी के बाद इतना सजे तो कोई नहीं टोकता।

फिर बालों में लगे गजरे खूब महक़ा करेंगे और वसीम जब पास आयेगा तो वो भी इस खुशबू से सराबोर हो जायेगा।

वो कहेगा—'तुम इतना क्यों महक़ती हो कि मैं बहक़ जाऊँ।'

और फिर वो हँस पड़ी।

उसके प्यार की कलियाँ महक़ती हुई-सी आसपास फैल गयीं। वो नये कपड़ों, गहनों, खुशबुओं में लिपटी, इतराई-शरमाई-सी अपने ख़्वाबों के बगीचों में देर तक सैर करती रही। उन बगीचों में दूर तक उसके सिवा कोई न था। न अम्मा,

न अब्बा और ना ही उनके कुछ कहने का डर। इन खयालों के बगीचों में उसे कोई जंजीर बाँधती नजर नहीं आती। वो अपनी मर्जी से यहाँ से वहाँ तक पहुँच जाती।

कभी फूलों को छूती, तो कभी भँवरों से बात करती। यहाँ तक कि चाँद भी छू लेती और उसे कोई टोकता नहीं। आखिर तो उसके खयाल थे, उस पर किसका पहरा हो सकता था।

अपनी जेठानी के घर तक पहुँचते-पहुँचते अम्मा की साँस फूल आयी। उस पर यह बुर्के का बखेड़ा उन्हें परेशान करने लगा।

'औरत मरे तो मरे लेकिन यह बुर्का और नकाब तो उस पर कयामत की तरह फर्ज हैं। दम घुटा जा रहा है लेकिन क्या मजाल कि इस नकाब से जरा भी हवा आने पाए।' अम्मा फिर मन-ही-मन बड़बड़ाने लगी।

बड़बड़ाते हुए उन्होंने अपनी समधन बन रही जेठानी के घर के बरामदे में कदम रखा। कमरे में सलाम करते दाखिल होते ही उनके चेहरे की तल्खी मुस्कराहट में तब्दील हो गयी।

लेकिन इस नाटकीयता में भी उनकी जेठानी उन्हें जीतने नहीं देती। वो उनसे भी ज्यादा खुलूस के साथ सलाम का जवाब दे रही थीं।

और तो और उन्हें गले लगाकर उनका इस्तकबाल किया।

पीछे-पीछे हाशिम मियाँ और उनका भाई भी आ गये सामान के थाल लेकर। बारी-बारी से सभी थाल कमरे के बीचोंबीच लगाए गये।

फल, नारियल, खजूरें, सेवइयाँ, नौ तरह की मिठाइयाँ, मिश्री, सूखे मेवे, शरबत की बोतलें, वसीम और उसके माँ-बाप के जोड़े, जूते-मौजे, शेविंग का सामान, इत्र, रुमाल और ना जाने क्या-क्या।

ईदी का काम निपटा भारी कदमों से वे अपने घर में दाखिल हुईं। गुड़िया शाम के इफ़्तार और खाने की तैयारियों में लगी थी।

आज कीमे के कोफ्तों की तैयारी करने को कह गयी थीं, जो उसने बखूबी पूरी कर ली। वो अपने हाथ में कीमे के गोले बना-बनाकर प्लेट में रखे जा रही थी। गैस पर रखी पतीली से मसाला भुने जाने की खुशबू आने लगी।

उसके पास बैठते हुए बोली—'आज तो मुझे रोजा लग रहा है, बहुत थक गयी।'

'चलो तो अब उठो यहाँ से और कुछ देर के लिए लेट जाओ।' गुड़िया ने प्यार से अम्मा को कहा।

अम्मा उसकी मोहब्बत पर मुस्करा दी।

कहा—'नहीं तुझ अकेली पर ही रसोई का भार कैसे डाल दूँ।'

उन्हें उसके जाने का गम सताने लगा, फिर चेहरे पर कई खुशी की लकीरें

खिंच आयीं यह सोचकर कि एक बेटी जायेगी तो उनके घर तो चार बहुएँ आएँगी।

'आज हो सकता है कि खत्म रोजा हो, कल की तैयारियाँ भी करनी होंगी।' अम्मा ने गुड़िया से कहा।

गुड़िया पौधों को पानी देती हुई पलटी, अम्मा की ओर देखा और मुस्करा दी। वह तो कब से रोजे पूरे होने और ईद आने का इन्तजार कर रही थी।

एक तो वह रोजों में बँधी नहीं रहेगी तो बेधड़क वसीम के ख़्वाब देखा करेगी और दूसरा कि ईद के पन्द्रह दिन बाद ही उसका निकाह तय था।

सो, उसके लिए तो रोजे पूरे होने का मतलब ईद ही ईद था। यह उसकी ज़िन्दगी की ईद होनेवाली थी। उसे ज़िन्दगी में पहली बार यह खुशनुमा अहसास हुए थे। वह इन अहसासों को हक़ीकत के रूप में जीना चाहती थी। बरसों से वह इस दालान में बँधी, अब्बा के उसूलों पर खरा उतरने की ही कोशिश में लगी रही। अब अपनी मर्जी से जीने की चाह भीतर गुलाँचे मारने लगी थी।

अब उसे उम्मीद की चाँदनी बुला रही थी, जिसमें वो होगी और वसीम।

एक अरसे बाद वह छत पर आयी। छत की दीवारों और जमीन पर उसे बेहद प्यार आया, यहाँ खुली हवा जो महसूस हो रही थी। वो जानती है कि छत पर आने के लिए अब्बा और भाइयों की सख्त मनाही है। लेकिन आज वह अस्र की नमाज पढ़ सीधे छत पर आ गयी। घर में बस अम्मा थीं, तो उसने सोचा अब्बा के आने से पहले वो नीचे आ जायेगी।

छत पर जाने की कोई वजह उसके पास नहीं थी, बस आसमान को करीब से देखना चाहती थी। धूप ढल रही थी। आसमान साफ था। तिरछा सूरज आसमान को चाँदी के रंग से रोशन कर रहा था। यह चाँदी उसे खूब भा रही थी। उसने जैसे इसे अपनी आँखों में समेट लिया था और महसूस किया कि आँखें पहले से ज्यादा चमक रही हैं।

एक नयी-सी रोशनी देखी थी उसने आज। इससे पहले उसने आखिरी बार इतना खूबसूरत सूरज कब देखा और आसमान कब देखा, उसे याद नहीं आया। उसने छत के बराबर वाली छत की ओर देखा, वो भी खाली थी। यह उसकी बचपन की सहेली आलेमा का घर था। छुटपन में कईघंटे वे इन्हीं छतों पर इधर-उधर आते-जाते गुजार देती थीं।

सर्दियों में दिनभर यही बैठा करती और अपने खिलौनों से खेलती। बेरी भी साथ ही खाती। गर्मियाँ आतीं तो शाम से रात तक उनकी बैठक यहीं जमा करती। पहल-दूज उनके लिए गर्मियों का खेल हुआ करता।

कोयले से वे पहल-दूज खेलने के लिए छत पर चौखाने बनातीं और अम्मा छत का आँगन काला कर देने पर बहुत उलाहना देतीं।

कभी वे लँगड़ी टाँग खेलने लगतीं तो अब्बा नीचे से ही चिल्लाते कि छत टूट जायेगी। छुटपन में वे नहीं समझ पाती थीं कि उनके जरा से बोझ से छत नहीं टूट सकती। हाँ, उनके अपनी मर्जी से खेलने भर में उनके वालिदैन का उनकी ज़िन्दगियों पर से इख़्तियार छूटता हुआ जरूर लगता होगा।

इसके बाद वे छत के किसी कोने में बहुत ही धीरे-धीरे पत्थर के गोल गट्टे खेलने लगती। अब्बा कितना भी मना कर लें, उनके पास इतने खेल थे कि एक के लिए मना करते ही वो दूसरे खेल शुरू कर लेतीं।

खेल कोई भी हो वो हमेशा आलेमा से आगे रहती, लेकिन शादी में उससे पीछे रही। आलेमा की शादी दो साल पहले उसके तेरह साला होते ही हो गयी। पन्द्रह साला होते-होते तो उसको एक बेटी भी है।

आलेमा का खयाल हो आया। अब वह पहले जितना नहीं खिलखिलाती। कोई हँसी की बात हो तो भी सोच में पड़ जाती है, जाने कहाँ खोई रहती है।

गुलाबी चेहरा अब पीला-सा पड़ गया है। पगला-सी गयी है। ससुराल वाले उसके पीहर में आये दिन लड़ने आ जाते हैं कि उनके लड़के को पागल बीवी के पल्ले बाँध दिया। लेकिन वो अपनी सहेली को कभी दिलासा नहीं दे पाई, ना ही उसके दिल का भेद ले पाई थी। जाने क्या बात थी, जो उसे भीतर-ही-भीतर खाए जा रही थी।

अचानक दो बूँदें फिसलकर गालों पर लुढ़क आयीं। आलेमा अब उससे पहले की तरह बात भी नहीं करती।

'गुड़िया... गुड़िया...' अम्मा की आवाज सुनते ही उसने सीढ़ियों की ओर रुख किया।

'अरी, छत पर क्यों चढ़ गयी, चल तो जरा हरी चटनी पीस दे, पराठों के साथ अच्छी रहेगी।'

यह कहते हुए अम्मा ने मसालों से भरा कटोरा उसे थमा दिया। आलेमा के खयालों को दूर करती वह मसालों में ध्यान लगाने लगी।

मगरिब की अजान से पहले ही फारिग होकर दोनों इन्तजार कर रही थी कि शायद मस्जिद में चाँद दिखने का एलान हो जाये और कल ईद हो।

'अम्मा एलान होते ही छत पर चलेंगे, चाँद देखने।' गुड़िया ने अम्मा के हाथ पर हाथ रखकर पूछा।

'अरे वो तो दालान में से ही दिख जायेगा।' अम्मा ने जवाब दिया।

'इतने सालों से तो यहाँ से दिखा नहीं, आज क्या ख़ास दालान के ऊपर ही चढ़ेगा चाँद?'

'देखो ना, इसके बाद के ईद के चाँद तो मैं वैसे भी मेरे ससुराल में ही

देखूँगी।' उसने अपना तीर छोड़ा था जो अम्मा के दिल पर निशाने पर लगा।

अम्मा ने इस बार सिर पर हाथ फिराया और कहा—'चल अभी अब्बा से इजाजत लेकर ऊपर हो आएँगे।'

रोजा खुलने का वक़्त हो चला, लेकिन मस्जिद से अब तक एलान नहीं हुआ था।

इफ़्तार का दस्तरख्वान सज गया था। पूरा परिवार इफ़्तार के लिए वहाँ मौजूद था, बस रोजा खुलने के एलान का इन्तजार था।

गुड़िया बेमन से खजूर हाथ में लिए बैठी थी। उसे अगला एक रोजा भी अपने पर भारी लगने लगा, लेकिन अब्बा के सामने कभी रोजा छोड़ने के बारे में सोचा भी नहीं जा सकता था।

शायद एक बारगी रब तो रोजा छोड़ने पर माफ कर दे, लेकिन अब्बा के माफ करने की कोई उम्मीद नहीं थी।

वो तो रोजा-नमाज के खुद भी पाबन्द थे और घर में सभी को पाबन्द कर रखा था।

तभी तो अम्मा भी कितनी ही बीमार हो जाये नमाज तो उनको पढ़नी ही होती, अल्लाह के डर का तो पता नहीं लेकिन अब्बा के डर से वो पढ़ा करती थीं।

अम्मा अक्सर कहती। 'वो अल्लाह है, अकबर...जिसके बराबरी-सा कोई और नहीं। वो रहीम है रहम करनेवाला, रहनुमा है। वो एक जर्रे में बख्शने वाला है। और भला रहम करनेवाला किसी को सजा क्यों देगा? वो तो अपने बन्दों से बेपनाह मोहब्बत करने वाला है।'

उनकी यह बात सुनकर उसे अल्लाह से डर नहीं लगता, बल्कि उससे तो मोहब्बत हो गयी।

कोई छोटी-मोटी गलती हो भी जाती तो यही लगता अल्लाह तो रहम करने वाला है, वो सजा नहीं देगा, वो तो माफ कर देगा। यह सोचकर दिल का बोझ हल्का हो जाता और अल्लाह पर विश्वास बढ़ जाता।

'तो आज भी चाँद नहीं दिखा तो कल का रोजा पक्का हो गया।' अम्मा ने गुड़िया को छेड़ने के लहजे से कहा।

'हाँ, तो क्या हुआ। अच्छा है एक रोजा बढ़ा तो लाखों रोजे बढ़ गये। सवाब भी हजार गुना बढ़ा। मैं भी कमा लूँगी यह सवाब।' उसने अपनी मजबूरी को छिपाने की कोशिश की और तरावीह पढ़ने के लिए वजू करने चली गयी।

आखिरी रोजे के दिन गुड़िया बहुत खुश थी। रोजा भी नहीं लग रहा था, गला भी नहीं सूख रहा था, आज तो उसे पूरा विश्वास था कि रात को चाँद दिखेगा ही और कल ईद और ईद के ठीक 15 दिन बाद... अपने आप से कहा और खिलखिला दी।

हाथोंहाथ उसने कानों में मोगरे के फूल बदल डाले। हालाँकि अम्मा टोकती कि खुशबू से रोजा मकरुह होता है, लेकिन वो कहती—'इतना तो अल्लाह माफ कर ही देगा। आखिर तो मैं छोटी हूँ ना अभी।'

शादी की तैयारियाँ कर रही गुड़िया इस बात पर अपने को छोटी बता देती, जबकि वो महसूस करती कि वह अब बचपन-सी नहीं रही। दिल और बदन तरह-तरह की उमंगों पर झूम उठता था!

'अम्मा, आज मैं अजान के बाद ही खाना खा लूँगी। सभी का इन्तजार नहीं करूँगी। फिर मेहँदी भी तो लगानी है।' उसने शाम के खाने की तैयारी करते हुए कहा।

'अभी मेहँदी क्यों लगा रही है?' अम्मा के सवाल पर उसने मुँह बना लिया।

'अब देख ना, 15 दिनों में मेहँदी पूरी उतरेगी नहीं तो शादी की मेहँदी कौन-से हाथों में लगाएगी।'

'हाँ, यह तो मैं भूल ही गयी। लेकिन बिना मेहँदी तो ईद अच्छी नहीं लगती अम्मा।'

'चल ठीक है तो बस अँगुलियों के पोरों पर लगा लेना, हथेली खाली रखना।'

अम्मा के इस बीच के रास्ते निकालने पर गुड़िया खुश हो गयी और उनकी हाँ में हाँ मिलाते हुए मेहँदी भिगोने लगी।

'अम्मा, शादी पर तो मेहँदी लगानेवाली ही बुलाओगी ना?' गुड़िया ने मेहँदी को फेंटते हुए अम्मा से इल्तिजा की।

अम्मा बस उसकी ओर देखकर मुस्करा दी। ना हाँ कहा, ना ना कहा। लेकिन गुड़िया इस पर भी खुश थी कि ना नहीं कहा था, यानी अब्बा से बात कर बता देंगी।

काम उसने जल्दी निपटा लिया इस आस में कि आज तो वह चाँद देखने छत पर जायेगी। क्या पता, आलेमा भी चाँद देखती मिल जाये तो उससे कुछ बातें हो जाएँगी।

लाल पत्थरों के उस चौक में पलंग पर शॉल ओढ़े गुड़िया अम्मा का इन्तजार कर रही थी, जो अब तक अब्बा के कमरे में थीं।

'शायद अब्बा से इजाजत लेने गयीं हों।' उसने मन-ही-मन सोचा।

धीरे-धीरे अँधेरा होने लगा। वैसे भी सर्दियों में तो शाम होती ही कहाँ, सीधी रात आ जाती है। जो छोटे दिन को और छोटा कर जाती और इस वक़्त गुड़िया का मन भी छोटा हुआ जा रहा था। उसके अन्दर एक उम्मीद थी, उस पर डर हावी था। देखते-ही-देखते मगरिब की अजान हो गयी लेकिन उसके कानों को अम्मा की आवाज सुनाई नहीं दी थी और ना ही अम्मा ने चाँद देखने के लिए ऊपर जाने को

कहा। इस साल फिर उसकी उम्मीद टूटी थी। यो यूँ कि उसकी जिद नहीं मानी गयी थी।

रोजा खोलने के बाद ही उसने बेमन से खाना खा लिया। और दालान में पलंग पर बैठ गयी।

गर्दन ऊपर कर अपनी खाली-सी नजरों से आसमान ताकती रही। आज उसकी सितारा आँखें टिमटिमा नहीं रही थीं।

उस सितारों से भरे आसमान में उसने कितनी ही जगह चाँद की-सी परछाईं देखी, लेकिन हर बार अपने से यही कहती कि यह चाँद नहीं है। उसने बहुत देर तक चाँद को ढूँढा। वो वहाँ नहीं था।

'सर्दी हो रही है गुड़िया अन्दर आ जाओ।' अम्मा ने भीतर से ही आवाज दी।

अपनी शॉल ठीक की और अम्मा की आवाज के पीछे-पीछे वो भी कमरे में आ गयी।

'मैंने सिगरी जला दी है, अब तू अपने पोरों पर मेहँदी लगा ले। इस पर सेक लेना तो जल्दी सूख जायेगी, वरना सर्दी हो जायेगी।'

यह कहते हुए अम्मा ने रजाई खींच ली।

उसे आज इस घर से कुछ छूटता हुआ महसूस हो रहा था। अब तक अपने लिए कुछ ना माँगने वाली, कोई शिकायत ना करने वाली गुड़िया आज मन-ही-मन अम्मा-अब्बा से कुछ कह रही थी।

उसकी इस छत का चाँद, उसका यह दालान, चिड़ियाओं का शोर, उनसे बतियाना, आँगन में पड़ती सुनहरी धूप, मोगरे पर पड़ती चाँदनी, उसके कानों में हर दिन खुशबू बिखेरते फूल, यह कमरा, अब्बा के सामने आते ही उसके मन के भीतर तक फैलती खामोशी, भाइयों का दुलार, अम्मा का साथ और वो छत जहाँ वो बचपन की तरह अब भी पहल-दूज पर उछलना चाहती है, यह सब कुछ ही तो छूटे जा रहा था।

शादी तो कब की तय हो गयी थी, लेकिन उसकी उमंगों के साथ जो यह छूटन और टूटन जुड़ी होती है, न जाने क्यों इसका अहसास आज ही उसे हो रहा था। अहसास ऐसा कि आँखों के कोने गीले हो चले थे। बचपने में रोनेवाली गुड़िया आमतौर पर इसीलिए आँसू बहाती रहती थी कि अम्मा उसके आँसू देख ले तो उसकी बात मन जाये लेकिन आज वो अम्मा को नहीं दिखाना चाहती थी।

उसे बड़ी अम्मी भी याद हो आयी। वो तो कितनी खड़ूस हैं। कभी प्यार से देखती भी नहीं, अम्मा कितना प्यार करती हैं, फिर भी मेरी बात नहीं मानतीं तो बड़ी अम्मी का तो सवाल ही नहीं।

'वसीम भी अब्बा जैसे हुए तो वे भी मेरी बात कब सुनेंगे, जैसे अब्बा अम्मी

की नहीं सुनते।' यह सोच ही उसे डर ने घेर लिया।

उसने अपने आपको बेबस-सा पाया और उसकी रुलाई फूट पड़ी। रजाई में से निकलकर वह कमरे के दरवाजे से बाहर आ गयी। दालान में पलंग अब भी बिछा था, जिस पर चाँद तो नहीं सितारों की बहुत धीमी आती रोशनी पड़ रही थी। वहीं बैठकर उसने आँसुओं का गुबार निकाला।

ना जाने आज ईद का चाँद कौन-सा पैगाम ले आया था कि उसे नहीं पढ़ पाने के बहाने कितनी ही आँसूओं की बूँदों को उसने चाँद की रोशनी पर वार दिया था।

सोचा—अच्छा है कि चाँद आसमान पर नहीं है, नहीं तो उसके उजाले में कोई भी उसके आँसुओं को देख लेता।

वो भले ही सोच रही हो कि चाँद नहीं तो कोई नहीं देख रहा, लेकिन भूल गयी कि लाखों सितारे तो आसमान में चमक ही रहे हैं और उस धीमी-सी चमक में, धीमे कदमों से कमरे के दरवाजे की ओट में एक अँधेरी-सी परछाईं खड़ी है, जो उसे देख भी रही है, समझ भी रही है।

लेकिन वो परछाईं उसे अपने कन्धों का सहारा रोने को नहीं दे सकती। वो कन्धे पाकर कमजोर पड़ जायेगी तो आगे की ज़िन्दगी जब उसे हर दिन बिना चाँद देखे ही गुजारनी पड़ सकती है, तब के लिए हिम्मत आज जुटा लेगी तो बेहतर है। उस परछाइ ं को उम्मीद तो यह भी है कि हो सकता है कि वसीम ही चाँद बनकर उसकी ज़िन्दगी को इस कदर रोशन कर दे कि छत पर जाकर चाँद देखने की ख्वाहिश उसके मन में ही नहीं आये। दुआ के लिए उस परछाईं ने हाथ आसमान में कर दिए। अम्मा दरवाजे की ओट से ही देखती रही और लाडो के साथ आँसू बहाती रही।

रात जितनी अँधेरी गुजरी, सुबह का उजाला उतना ही ज्यादा रोशन लगा। ईद की खुशियाँ मोहल्ले से लेकर घर तक में छाई पड़ी थी। पूरा घर इत्र की खुशबुओं से महक़ रहा था। हर घर से सेवइयों की खुशबू आ रही थी।

सड़कों पर हर कोई इधर-उधर दौड़ता नजर आ रहा था, जैसे कोई अलीफ-लैला की कहानियों वाला हाट-बाज़ार सजा हो और हर किसी को सौदा लेने की जल्दी हो।

दरअसल सभी को ईद की नमाज की जल्दी हुआ करती। ताकि ईदगाह जल्द से जल्द पहुँच अपनी जगह निश्चित कर लें। नहीं तो जयपुर की यह बड़ी ईदगाह भी इनके लिए कम पड़ा करती।

ईद की सुबह गुड़िया ने सबसे पहले अब्बा को जाकर सलाम कहा। उन्होंने बेटी के सिर पर हाथ रख ढेरों दुआएँ दीं और गले लगा लिया। गुड़िया की आँखें फिर

टिमटिमा उठीं। अब्बा ने उसे ईदी के 100 रुपए थमा दिए।

मुट्ठी में ईदी और सीने में अब्बा की मोहब्बत लिए गुड़िया फिर से खुशी से भर गयी। कल रात के आँसुओं की जगह अब एक नयी चमक थी। जो शिकायतें थीं वो तो बह चुकी थीं।

आज रह-रहक़र दिल धड़क रहा था और कान फोन की ओर ही लगे थे।

खुद से ही कहा—'ईद की मुबारकबाद तो वसीम की ओर से भी आनी चाहिए। अम्मा ने ईदी पर उसे मोबाइल दिया था तो क्या उसका इस्तेमाल मुझसे बात करने में नहीं करना चाहिए।'

'इतने दिन हो गये बात पक्की हुए, एक बार भी उसने मुझसे बात करने या पैगाम भिजवाने की कोशिश नहीं की थी।'

'हाँ, तो उसे भी शर्म आती होगी ना, और फिर किसी के हाथ पैगाम भिजवाए और बात बड़ों तक पहुँच जाये तो भी वो कैसे जवाब देगा?'

उसने हमेशा की तरह खुद ही सवाल किया और खुद ही जवाब भी दे दिया।

'फिर भी उसे फोन कर लेना चाहिए। घर के नम्बर तो वह जानता ही है।'

'अरे, नहीं अब्बा उठाए तो वह क्या कहेगा?'

'क्यों? जैसे वो जानता ही नहीं कि अब्बा तो दिनभर घर ही नहीं रहते।'

'अच्छे से जानता है कि मैं और अम्मा ही होते हैं घर में।'

'कभी भी फोन करे तो मैं ही उठाऊँगी। और मुझे उसके फोन करने का वक़्त पता चले तो कोशिश करके अम्मा को भी इधर-उधर भिजवाकर उससे आराम से बात कर सकती हूँ। फिर तो घंटों ही हम बात करते।'

फिर उसका मुँह बिगड़ गया, वसीम भी ना कितना डरता है सभी से।

'खैर, ऐसा तो होना भी चाहिए, वो बड़ों की इज्जत जो करता है। और मुझसे प्यार है, यह कहने की क्या जरूरत है, मैं तो समझती ही हूँ ना।'

उसने अपने आप से कई सवाल-जवाब किए लेकिन आखिर में वसीम की ही वकालत की।

जैसे अब्बा के हर फैसले में आखिर में वह उन्हें सही ठहरा देती, आज वसीम को भी सही ठहरा रही थी। दोनों को उसकी ज़िन्दगी पर इख़्तियार था। दोनों के हाथ उसने अपनी रहनुमाई सौंप रखी थी।

सभी मर्द ईद की नमाज पढ़ने ईदगाह की ओर चल दिए। घर ही नहीं गलियाँ भी सूनी पड़ गईं। ना गाड़ियों की चीं-पों मची थी और ना ही बच्चे सड़कों पर दौड़ते नजर आ रहे थे। मर्दों के साथ बच्चे भी ईदगाह की ओर चल पड़े थे, वहाँ लगे मेले

पर ईदी लुटाने। इसीलिए सुनसान मोहल्ले में अब कबूतरों को भी अपनी आवाजें तेज लगनी लगी थीं।

घरों में औरतें बनाव-सिंगार में लगी थीं। यही मौका होता अपने जेवर, कपड़े, मेकअप में माहिरी दिखाने का। मर्दों के घरों में नहीं होने से वे दूसरे कामों और परदे से भी फारिग रहती थीं, सो तैयार होकर एक-दूसरे के घरों में आराम से चक्कर काट आया करतीं।

वैसे भी ईद की नमाज के बाद घर में मुबारकबाद देनेवालों का जमघट लग जाता है, ऐसे में औरतों के लिए दूसरे घरों में जाना मुश्किल होता था। इसीलिए भी वे नमाज के दौरान ही एक-दूसरे से मिल आती थीं।

यह ईद गुड़िया के लिए बहुत ख़ास थी। आज उसने पहली बार अपने ससुराल से आया जोड़ा पहना था। आईना देखा तो उसे खुद पर प्यार आया। इस रंग में वह और भी निखर आयी थीं।

सज-धजकर सबसे पहले वह अपनी राजदारों के पास गयी। अपनी चिड़ियाओं के पास। यह वक़्त उनके भी चहक़ने का था, सो वे चीं-चीं करने में लगी थीं। गुड़िया के पिंजरे के पास आते ही उनकी चीं-चीं कम हो गयी। अब वे अपनी इस सहेली से कुछ सुनने की उम्मीद कर रही थीं।

गुड़िया ने सलवार के पाँयचे कुछ ऊँचे किए और अपनी पायलों को बजाया। वह चिड़ियाओं से कह रही थी, 'देखा इनकी खनक तुम्हारी चहक़ से भी अच्छी है। अब तो घर में इनकी आवाज आयेगी।'

आज तो जो भी मोहल्ले की औरतें आतीं, गुड़िया के रंग-रूप की तारीफ करते नहीं थक रही थीं। उस पर उसका जरी के काम का जोड़ा, हर किसी को भा रहा था।

मोहल्ले की उसके बराबर की लड़कियाँ सूट पर जड़ी जरी पर बार-बार हाथ लगाकर देख रही थीं। जो हिचक रही थीं, वो अपनी आँखों से ही ज़री के काम को तोले जा रही थीं और रश्क कर रही थीं गुड़िया के नसीब पर कि उसे तो इतना अमीर ससुराल मिला है कि हर दिन ही इतने भारी काम के जोड़े पहना करेगी।

इसे पहनकर गुड़िया को ना जाने क्यों वसीम के करीब होने का अहसास हो रहा था। उसे लग रहा था कि जो खुशबू इसमें आ रही है, वैसी ही वसीम के पास होने पर भी आती होगी।

दूसरे दिन से ही घर में शादी का माहौल था। शादी में ससुराल वालों को दिए जाने वाले कपड़ों के थान आये थे। बड़ी अम्मी ने पूरी लिस्ट थमाई थी, जिन्हें जोड़े दिए जाने थे। कुल 80 लोग थे। 80 जनाने तो 80 मर्दाने जोड़े मँगाए गये थे। इन्हें पैक

करने की जिम्मेदारी छोटे भाई पर आन पड़ी थी।

वो बड़बड़ाते हुए नयी थैलियों में उन्हें पैक करने लगा। जोड़ों के साथ ही 50-50 रुपए शगुन के भी उसी में डाले जा रहे थे।

सास-ससुर के जोड़े अलग से आये थे, महँगे वाले। जोड़े के साथ ही सास को सोने के एरिन, ससुर को सोने की अँगूठी अलग से।

अम्मा ने सास-ससुर को दिए जानेवाले जोड़े उठा लिए थे।

'इन पर तो कम-से-कम 500 रुपए शगुन के चढ़ाने होंगे।'

उसका मुँह फटा रह गया।

उसने कहा—'अम्मा इतना पैसा क्या हम बस इनके शगुन में ही बाँट देंगे।'

'हाँ, तो इसमें क्या बड़ी बात है।'

'शुक्र मनाओ कि बेटी घर में ही जा रही है, तो यह तो कम है, बाहर कहीं रिश्ता करो तो इससे भी ज्यादा देने होते।' अम्मा ने जैसे बेटे को एक नयी जानकारी दी।

हाशिम मियाँ अपने साथ कोरमा-गुलत्ती बनानेवाले को ले आये थे। बैठक में ही अब्बा उससे सब तय करने में लगे थे।

'पूरे डेढ़ सौ किलो गोश्त आयेगा तो ही बात बनेगी। उसे लजीज बनाने की जिम्मेदारी मेरी।' खानसामा ने कहा।

'और गुलत्ती कितनी बनेगी।' अब्बा ने पूछा।

'60 किलो तो बनेगी ही। आखिर तो पाँच सौ लोगों का खाना है।' खानसामे ने जवाब दिया।

'अच्छा तो सामान की लिस्ट बना दो, हम मँगवा देते हैं। बस कुछ कमी न रहे।

अब्बा ने इस सबके बीच बड़े भाई करीम को कोई ख़ास काम नहीं दिया था। उनका काम था अब्बा को लेकर मोटरसाइकिल पर घूमना। लोगों को शादी का पैगाम देने और कार्ड बाँटने के लिए दोनों सुबह निकलते, शाम को आते थे।

बड़े भाई उनके कहे अनुसार चुपचाप चल देते। ना कुछ कहते और ना ही किसी से कुछ बोलते थे। बस अब्बा के हुकुम के साथ-साथ चले जा रहे थे।

अब्बा के बाद घर में वे ही बड़े थे, इसीलिए अब्बा रिश्तेदारों और दोस्तों के बीच पैगाम देने उसी को साथ ले जाते थे। सभी से तआर्रुफ भी हो जाये और बेटे को भी अपने बड़े होने का मान रहे।

अम्मा बेचारी दिन-रात लगी थी। घर का रोजाना का काम निपटाकर वे दोपहर में कभी चावल चुनने तो कभी गेंहू की बोरी साफ करने में जुट जातीं।

इन दिनों उन्होंने अपने घर पर एक कामवाली भी लगवा ली थी, ताकि काम में मदद हो जाये। हालाँकि अब्बा को घर में कामवाली पसन्द नहीं थी, लेकिन अभी

गुड़िया पर ज्यादा काम डालना ठीक नहीं, यह सोचकर उन्होंने एक माह के लिए उसकी इजाजत दे दी।

कामवाली के साथ ही अम्मा की बहन भी दिन में यहीं आ जाती। सामान बीन-बीनकर उन्होंने कोठियों में अलग-अलग डाल दिया था।

वहीं गुड़िया के दहेज के सामान की लिस्ट भी बना ली थी। टीवी, फ्रिज, एसी, सोफे, बैड, किचन का सारा सामान सब ट्रक भरकर आ गया था।

गुड़िया तो इतना सारा सामान अपने लिए देख-देखकर खुशी से फूली नहीं समा रही थी। उसे तो अपनी आइना मेज सबसे ज्यादा पसन्द आ रही थी।

'मेज के नीचे की तीन दराजों में वह अपना पूरा मेकअप रख लेगी। साइड की पतली अलमारियाँ इत्र, काजल, हेयर बैंड, शैम्पू रखने के काम आ जायेगी। बैंगल स्टीक छोटी है, लेकिन कुछ कंगन इन पर डाल दूँगी तो देखने में अच्छा लगेगा।' वो खयालों-खयालों में ही अपनी आइना मेज को सजा रही थी। बाकी चीजों से ज्यादा उसे इसी में दिलचस्पी थी। साथ ही उसका अपना टीवी भी उसे उत्साहित कर रहा था।

'बैड पर लेटे-लेटे दोनों टीवी पर अपनी पसन्द के सीरियल या प्रोग्राम देखेंगे। अब अम्मा की बन्दिश नहीं रहेगी। रिमोट भी अपने ही हाथ रहेगा। देर रात तक वो खूब नये गाने या नयी फिल्में देख सकेगी।'

'यहाँ तो नयी फिल्में तो अम्मा कभी देखने ही नहीं देतीं, कहती हैं यह देखने लायक नहीं।' यह सोचते-सोचते उसने मुँह बिचका दिया।

उसे अपनी आनेवाली ज़िन्दगी यहाँ से बेहतर दिखाई देने लगी, सो अम्मा की रोक-टोक भी अब वो बन्दिशों के तौर पर देखने लगी थी। अम्मा और खाला उसके लिए शादी का जोड़ा तैयार करवा लायी थीं। सुर्ख लाल, उस पर जरदौजी का काम खूब फब रहा था।

अम्मा ने कहा—'कटला बाज़ार का तो जवाब नहीं, देख हम कितना सस्ता लहँगा लाए हैं। बस ढाई हजार में ही दस हजार जैसा लहँगा मिल गया।'

खाला कहतीं कि ऐसा ही उनकी देवरानी की बहू की बरी में चढ़ाया गया था, उसे जोधपुर से नौ हजार में खरीदा गया था।

दोनों ही जाने कहाँ-कहाँ के उदाहरण देने लगी और अपनी खरीदारी को बेहतरीन और समझदारी भरी बता रही थीं। गुड़िया को इससे कोई मतलब नहीं था उसे तो अपना जोड़ा भा रहा था, उनकी बातें तो उसके सिर के ऊपर से होकर गुजर रही थीं।

वो फिर खयालों में थी। वो निकाह में इस जोड़े को पहनकर बैठी होगी कि इतने में बैंड बाज़ों की आवाजें आएँगी। कई गीतों की धुनें बज रही होंगी और

बाराती डांस कर रहे होंगे। सहेलियाँ देखेंगी तो उस पर रश्क करेंगी कि इसकी बारात तो लवाजमें के साथ है, ऐसी बारात और धूम तो उन्होंने कभी देखी भी नहीं होगी।

आखिर तो वसीम नये जमाने का है तो वह अपने दोस्तों के लिए बारात को और भी आलीशान बनाएगा। दोस्त अभी से डांस की तैयारियाँ कर रहे होंगे।

'क्या सोचती ही रहेगी या कल की तैयारियाँ भी करेगी। मैं तो परेशान हो गयी हूँ, अकेले सब करते-करते। तेरी खाला ना हो तो मैं तो यहीं ढेर हो जाऊँ। तुझे इस घर से जाने का क्या पता चला, तू तो हर वक़्त आराम फरमाने लगी। अपनी चीजों की जिम्मेदारी तो ले ले।'

अम्मा ने थकान को लफ्जों के जरिए उतारना चाहा और गुड़िया को उलाहना दे दी।

फिर कहा—'चलो अब मायूँ का पीला जोड़ा निकाल लो और उस पर जो इस्तरी करनी है या तुरपाई बाकी हो तो पूरा कर लो। कल तो वक़्त नहीं मिलेगा। सुबह से ही मेहमान आ जाएँगे।'

इस पर भी गुड़िया को इत्मीनान से अपने मोगरे के फूलों से खेलते देख अम्मा का पारा चढ़ गया, उन्होंने फूल छीने और फेंक दिए।

गुड़िया ने बड़ी-बड़ी चमकती आँखों से अम्मा की ओर देखा और हँस दी।

कहा—'मेरी प्यारी अम्मा इतना परेशान ना होओ, मैं सब कर लूँगी। यह कहक़र वह उठ गयी और अलमारी से सूट निकालने लगी।'

घर में उसके मायूँ की तैयारियाँ चल रही थी। पूरा घर औरतों से रोशन था। उसके उबटन की रस्म के साथ शाम को सभी ख़ास रिश्तेदारों का खाना भी यहीं था। इसीलिए दोपहर से ही मेहमानों का आना शुरू हो गया था।

अम्मा ने आज उसे ख़ास हिदायतें दी थीं। जैसे—चुपचाप कमरे में बैठी रहना, औरतें या सहेलियाँ चुहलबाज़ी करें तो जवाब मत देना, अनसुना कर देना, ज्यादा हँसना नहीं है और ज्यादा किसी से बात भी नहीं करनी है।

गुड़िया ने सोचा—'क्या फर्क पड़ता है, आमतौर पर भी चुप ही रहती हूँ तो आदत है, कुछ मुश्किल नहीं होगी।'

'हाँ, यह जरूर है कि ऐसे मौकों पर ही तो चुहलबाज़ी का मजा आता है, लेकिन यहाँ भी चुप रहना होगा। खैर, अम्मा ने कहा है तो मेरे भले के लिए ही कहा होगा।' उसने हमेशा की तरह अम्मा से फरमाबरदारी ही दिखाई।

शाम को घर में आये मेहमानों के लिए पुलाव बनना था। अम्मा और उनकी बहन उसी की तैयारियों में जुटी थीं। गुड़िया बिस्तर पर बैठी अपने जोड़ों और दूसरे

सामान की लिस्ट बना रही थी। मेहमानों से घर भरा था। गुड़िया की तीनों खालाओं का कुनबा, दोनों फूफियों का घर और अब्बा-अम्मा के चाचा-तायों जैसे ख़ास रिश्तेदारों के घर के लोग इकट्ठा हुए थे। उसकी हमउम्र कजिन अब उसे घेरे बैठी थीं।

'वसीम से खतो-किताबत हुई या नहीं, उसने कितनी बार फोन किया, ईदी में उसने क्या गिफ्ट भेजा जैसे सवाल उसके इर्द-गिर्द थे।' उसने किसी का भी जवाब नहीं दिया, बस शरमाकर हँस दी।

वैसे भी इन सवालों का जवाब ना में देती तो कजिन क्या सोचतीं कि वसीम को उससे मोहब्बत नहीं और हाँ में देती तो पता नहीं अम्मा के कहे मुताबिक किसी तरह की बात हो जाती तो, यह सोचकर उसने भी चुप रहना ही मुनासिब समझा।

अब चुप का जिसे जो मतलब निकालना है निकालता रहे।

'हाँ भई, आपकी खूबसूरती के कलमे तो वे सुबह-शाम पढ़ा करते होंगे।' मरियम भाभी ने चुटकी ली।

कमरा हँसी से गूँज उठा। उसकी सारी कजिन उसे इस तरह घेरे बैठी थीं कि उसे बैड पर बैठने को जरा-सी जगह मिली।

यह तो अच्छा था कि सर्दी के दिन थे, गर्मी होती तो उसका दम घुट जाता। सभी को यही देखा-देखी थी कि दुल्हन की ख़ास बहन या भाभी वही नजर आये, ताकि फोटो उतारे जाएँ तो वे ना छूटे।

कुछ इसमें ऐसी भी थीं कि दुल्हन के पास बैठने से सभी की नजर उस पर रहेगी और उसके नये जोड़े, जेवर बखूबी देखे जाएँगे।

इसीलिए तो भरी सर्दी में भी कोई स्वेटर या शॉल ओढें नजर नहीं आ रही थी, उनका कोई मेकअप अनदेखा ना रह जाये, इसीलिए सर्दी को बर्दाश्त करना भी उन्हें आता था।

अस्र की नमाज के बाद दालान में मायूँ बैठाने की तैयारियाँ होने लगी। दालान में बड़ी दरी बिछाई गयी।

ढोलक की रस्सियाँ खींची गयीं और थाप ठीक की गयी। औरतों ने गीत गाने शुरू कर दिये। ढोलक की थाप के साथ तालियाँ भी बराबर बज रही थीं। बीचोंबीच चौकी लगायी गयी थी।

रिश्तेदारों के साथ ही मोहल्ले की औरतें-लड़कियाँ भी यहाँ आ गयी थीं। जो नहीं आयी थीं, वो ढोलक और गीतों की आवाज से समझ गयी थीं कि मायूँ बैठाया जा रहा है। सो उन्होंने भी अपनी चादरें उठायीं और गुड़िया के मायूँ में शामिल होने पहुँच गयीं।

कुछ गीत गाने तो कुछ सुनने तो कुछ अपनी ही बातों में मशगूल थीं। इसी

बीच फरीदा फूफो ने कमरे की ओर आवाज लगाई, 'नाजमा को ले आओ, फिर मगरिब का वक़्त हुआ जाता है।'

अन्दर बैठी गुड़िया की कजिन इसी आवाज का इन्तजार कर रही थीं कि उसे उठाकर बाहर लाने लगी। यहाँ भी एक तरह की देखादेखी थी कि कौन दुल्हन के पास उसका हाथ पकड़कर चलेगा।

कजिन की खींचतान के बीच आकर वह चौकी पर बैठ गयी थी। गीतों की तान कुछ देर के लिए शान्त हुई, अब सात सुहागनों को चुना जा रहा था जो, गुड़िया की उबटन की रस्म को पूरा करेंगी। फिर गीत गाए जाने लगे। कोई आगे तो कोई पीछे रहक़र अपने सुर में सुर मिला रहा था। जिनकी आवाज अच्छी नहीं वे तो होंठ ही हिला रही थीं।

रस्म पूरी होने तक गुड़िया के हाथों-पैरों पर उबटन खूब जमा हो गया था।

उसे सर्दी लगने लगी थी।

रस्म पूरी हुई तो उसी उबटन को उसकी दो भाभियों ने मिलकर हाथ और पैरों को रगड़ दिया।

बारी-बारी से सभी ने गुड़िया की झोली बान से भरी। किसी ने 100 तो किसी ने 50 तो किसी ने 20 रुपए अपनी हैसियत के मुताबिक झोली में डाल दिए। शाम में चिकन का पुलाव और जर्दा मेहमानों को खूब भाया।

गुड़िया की तीनों कजिन उसके इसरार से वहीं रुक गयी थीं। बाकी मेहमान जा चुके थे, बस अम्मा, उनकी बहन और गुड़िया की कजिन थीं।

आधी रात को चारों ने मिलकर कमरे में ही धीमी आवाज में टेप रिकॉर्डर ऑन किया और बारी-बारी से डांस करने लगीं। चारों ही डांस कर रही थी और चारों ही एक-दूसरे की वाहवाही कर रही थीं। वैसे भी तेज आवाज में टेप रिकॉर्डर बजाने और फिल्मी गानों पर नाचने की इजाजत इस घर में नहीं थी।

चारों बहनें जब ठुमके लगाते-लगाते थक गयी तो बिस्तरों में जा पहुँचीं। लेकिन गुड़िया के लिए अब यह रातें सोने की नहीं थीं। उसने जागती आँखों में कई पल वसीम के साथ जीए और कब नींद की आगोश में चली गयी पता नहीं।

'आज से आपकी शादी में बस चार ही दिन बाकी हैं', उसकी कजिन ने छेड़ना चाहा।

'कहाँ चार दिन? चौथे दिन शादी ही है, तीन दिन ही कहो'—दूसरी ने ठीक किया।

यह तीन दिन निकालने भी गुड़िया के लिए मुश्किल हुए जा रहे थे। उसके दिल की धड़कनें बढ़ी जा रही थीं। इस पर आती-जाती भाभियों और बहनों की

इशारों-इशारों में चलनेवाली बातें इस बेकरारी को और बढ़ा जातीं।

वह वसीम के वजूद से चाहक़र भी छूट नहीं पा रही थी।

उसने उसे कसकर पकड़ रखा था। इस खयाल से ही शर्म से उसकी आँखें झुकी जा रही थीं। वो अपने आपको उस वजूद से छुड़ाने की नाकाम कोशिश कर रही थी और उसकी पकड़ और मजबूत हुई जा रही थी।

शादी के ठीक एक दिन पहले जब दुल्हन का मन गुलाँचे भर रहा होता है, तब गुड़िया का मूड खराब था।

अम्मा से उसने ईद पर ही कह दिया था कि शादी में मेहँदी लगानेवाली को बुलाना। ताकि वह तरह-तरह के बेल बूटे हाथों में उकेरेगी और उसके बीच कहीं वसीम का नाम भी लिख देगी। शादी के बाद जब वह पहली बार वसीम से मिलेगी तो अपना नाम उसकी हथेलियों में ढूँढ़ने को कहेगी। और जब वसीम अपना नाम उसकी हथेलियों पर देखेगा, तो मेहँदी भरे हाथों पर अपना चेहरा रख देगा और चूम लेगा। लेकिन उसका यह ख़्वाब अब ख़्वाब ही रहेगा। न मेहँदीवाली आयेगी, न बेल-बूटे रचेंगे और ना ही वसीम से इस तरह की चुहलबाज़ी का उसे मौका मिलना था।

उसने बहुत मिन्नतें की लेकिन अम्मा ने मेहँदी वाली को नहीं बुलाया।

कहा—'बड़े अब्बा ने कहलवा भेजा है कि रस्में शरीया मुताबिक ही हों, इस पर तुम्हारी बड़ी अम्मी की हिदायत है कि हाथों और पैरों पर मेहँदी वैसी ही लगे जैसी उनकी और मेरी शादी में लगी थी, पूरी लिपटी हुई, ताकि शगुन अच्छे हों।'

गुड़िया का मुँह बन आया था। आज भी वह अपने मन से मेहँदी नहीं लगवा पायेगी। कितनी बुरी लगेगी हाथों में मेहँदी लिपटी हुई। उसे आज खूब रोना आया।

उसे उन औरतों पर ग़ुस्सा आ रहा था जो खुश होकर उसके हाथों को मेहँदी से सने जा रही थीं। हाथ और पैर इस मेहँदी से बोझिल होने लगे थे।

इस बोझिल दिन के बीतते ही आखिर वह दिन आ ही गया जिसका गुड़िया को इन्तजार था। हाथों की सुर्ख मेहँदी उसे अब भी बुरी लग रही थी, लेकिन वो उससे ध्यान हटाकर अपने सजने-सँवरने पर लगा रही थी, ताकि कोई कमी ना रह जाये। आज तो वसीम से मिलना है।

माथे पर लगे टीके, नाक में झूलती नथ, गले के बड़े-छोटे हार, एरिन के चमकते हीरे, कजरारी आँखें और सुर्ख होते होंठ उसे परी का-सा रूप दे रहे थे। दुपट्टे के पगू के भारी गोटे के नीचे लटके मोती जब उसकी पेशानी चूमने लगे तो उसे अहसास हुआ कि आज उसकी ज़िन्दगी का सबसे ख़ास दिन था, आज वो दुल्हन थी, वसीम की दुल्हन।

हाथों में चूड़ियाँ खनक रही थीं और पैरों में पच्चीस तौले चाँदी की पायल बज रही थी।

कोई आम दिन होता तो इतने भारी पायलों को वह उतार देती, लेकिन आज उसकी उमंगें सब पर भारी पड़ रही थीं।

मेहमानों से घर भरा पड़ा था। सुबह के 11 बजे निकाह होनी थी। दुल्हन के लिबास में गुड़िया सजकर कमरे में एक ओर बिछाए गये गद्दों पर बैठी थी।

अम्मा ने इस बार भी उससे चुप रहने को कहा था और निकाह होने तक उसे कुछ नहीं बोलना था।

अम्मा का कहना था कि 'निकाह के वक़्त एक ज़िन्दगी से दूसरी ज़िन्दगी में दाखिल होने के वक़्त जो दुआ अल्लाह से माँगी जाये, वो पूरी होती है।'

इस पर भी सभी ने अलग-अलग हिदायतें दीं।

अम्मा ने कहा—'वसीम की नौकरी के लिए दुआ करना कि वह काम पर लग जाये।'

खाला ने कहा—'अपने भाइयों के हक़ में दुआ करना, वैसे भी बहनों का भला भाई ही सोचते हैं, तो दुआओं पर पहला हक़ उनका है।'

फरीदा फूफो ने रौब जमाते हुए कह दिया कि मेरे भाई यानी गुड़िया के वालिद की लम्बी उम्र के लिए ही दुआ की जाये।

जिसने भी उसे दुआ के लिए मशविरा दिया, उसमें उसके होनेवाले शौहर से लेकर अब्बा, भाई ही थे।

वैसे भी बचपन से ही यह सिखाया गया था कि इन सबकी भलाई में ही उसकी भलाई है। इसीलिए तो वह दरगाह भी जाती तो कभी खुद के लिए कुछ नहीं माँगा, शायद इसीलिए भी उसे उसके मुताबिक कुछ न मिला था।

लेकिन आज वह सिर्फ़ अपने लिए ही माँग लेना चाह रही थी।

घूँघट में गर्दन झुकाए उसने अल्लाह को याद किया और अपनी आनेवाली ज़िन्दगी में अपने लिए बहुत सी खुशियाँ माँगने लगी।

उसने दुआ की—'या अल्लाह जितना मैं सोच रही हूँ, उससे भी बेहतरीन हो मेरी ज़िन्दगी। मेरे सारे सपने पूरे हों। वसीम मेरे भाइयों की सोच की बजाय उसकी सोच जैसा हो। मोहब्बत करने वाला।'

दुआ माँगते-माँगते ही उसकी आँखों से आँसू बह निकले। विश्वास करने को जी चाहा कि अब बस अपनी मर्जी से ही ज़िन्दगी जीने को मिलेगी।

इसी बीच उसके कान लगातार बाहर की आवाजों पर थे। बारात के लवाजमें में क्या-क्या है, उसका अन्दाजा वह यहाँ बैठे-बैठे लगाने लगी। उसे बैंड पर बजने वाले गाने सुनने थे। वो जानना चाहती थी कि वसीम ने बैंड वालों से क्या-क्या

फरमाइश रखी होगी।

हाथी, ऊँट, घोड़े सभी कुछ होंगे, उसकी बारात में। वैसे भी बड़े घरों की बारातें ऐसे ही निकला करती हैं। उसकी घोड़ी के पीछे चलते लवाजमे में रिश्तेदार बच्चे ऊँट-हाथी पर बैठने के लिए लड़ते होंगे।

पीछे पैदल चल रही औरतें सोच रही होंगी कि उन्हें भी किसी बग्घी में जगह मिल जाती।

वो किसी राजकुमारी-सी अपने सपनों के राजकुमार की बारात का इन्तजार कर रही थी।

घर के पास ही बने बड़े से इस्लामिया मदरसे में मर्दों और बारातियों के लिए इन्तजाम किए गये थे। खाना भी वहीं था। दूसरी मंजिल पर औरतों का तो तीसरी मंजिल पर मर्दों का।

निचली मंजिल पर वसीम की निकाह का सारा इन्तजाम था।

शरबतों के ड्रम तैयार थे। गुलाब के शरबत के साथ नारंगी के शरबत का भी ख़ास इन्तजाम किया गया था।

बारातियों के इस्तकबाल के लिए चारों भाई और उनके कजिन हाथों में मालाएँ लेकर मदरसे के बाहर ही खड़े थे।

इतनी भीड़ और शोर के बीच भी गुड़िया कुछ सुनने को बेताब थी।

इतने में बाहर से आवाज आयी कि परदे की तैयारी कर लो काजी साहब आने वाले हैं।

वो सोचती ही रह गयी कि बारात तो आयी ही नहीं और काजी साहब क्यों आ रहे हैं?

उसकी कज़िन भाभी ने पास ही से कान में कहा—'तेरी बड़ी अम्मी ने बैंड का खर्च बचाया है, शरिया का हवाला देकर।'

'बैंड बाज़ों की धूम भी न की, बस नात पढ़ते आये हैं, जैसे शादी में नहीं मीलाद शरीफ में आ रहे हो।' यह कह भाभी हँस दी।

गुड़िया का मन फिर खराब हो गया। अभी तो दुआएँ माँग ही रही थी कि एक ख़्वाब तो खारिज हो गया। उसे बुरा लगा, इसलिए भी कि वह तो इसी धूम का हवाला देकर सहेलियों के सामने अकड़ दिखाना चाहती थी कि उसकी शादी सभी की शादी से बेहतर रही।

उसका मन हो रहा था कि अभी के अभी बड़ी अम्मी से लड़े कि इस जमाने में भी इस तरह बारात लाकर उन्होंने उसके अरमानों पर पानी फेर दिया।

वो तो हमेशा यही सपने देखा करती कि घोड़ी पर कोई शहजादा आयेगा और

उसे निकाह कर ले जायेगा।

लेकिन यहाँ तो इस तरह बारात आयी कि सहेलियों के सामने उसे हँसी का बायस बनना होगा।

धीरे-धीरे उसके कानों में हँसी पड़ना तेज हो गयी। उसकी मुमानी हँस-हँसकर लोट हुए जा रही थी कि देखो जयपुर तो जोधपुर से बड़ा शहर है, यहाँ ज्यादा पढ़े-लिखे लोग हैं, फिर भी बारात ऐसे लाए जैसे किसी उर्स में जाया जा रहा हो।

मुमानी की यह हँसी उसके कानों में चुभ रही थी। पर अम्मा इन सबसे पर ध्यान देने की बजाय चुपचाप बैठे काजी साहब का इन्तजार कर रही थीं।

दो औरतों ने सफेद चादर गुड़िया के सामने तान दी थी। उसे समझ आ गया कि काजी साहब आये हैं।

काज़ी साहब ने दो वकीलों की मौजूदगी में 1100 रुपए मेहर में निकाह के लिए सवाल किया और गुड़िया ने हाँ में जवाब दिया।

काज़ी साहब निकाहनामा में उसके दस्तखत करवाकर मुबारकबाद देते हुए निकल गये।

गुड़िया का घूँघट ऊँचा किया गया और सबसे पहले उसने कुरआन का एक पन्ना देखा और नयी ज़िन्दगी की शुरुआत की।

पुरानी ज़िन्दगी से नयी ज़िन्दगी में कदम रखते ही उसकी रुलाई फूट पड़ी। पास बैठी अम्मा का भी सब्र का बाँध टूट गया और उसे गले लगाकर रो दी। इतने बरसों इस घर में ये दोनों ही एक-दूसरे के हमसफर रहे। अब इनके बिछुड़ने का वक़्त नजदीक आ गया था।

अम्मा को अकेले रहने का गम खल रहा था तो गुड़िया को भी प्यारी-सी अम्मा का दुलार छूटता-सा लग रहा था।

दोनों ने इस आँगन में लगभग एक-सी ही ज़िन्दगी जी थी। जो अब्बा की अँगुली के इशारे पर ही चलती। वहाँ से कुछ अलग था तो चारों भाई। बस इतना ही हिस्सा था उनकी ज़िन्दगी का।

अब गुड़िया इस ज़िन्दगी से अलग हो रही थी।

इस घर के रिवाजों को तो उसने बचपन से ही ओढ़ लिया था, अब नये घर के रिवाजों की कसौटी पर भी खरा उतरने का इम्तिहान बाकी था। अम्मा और गुड़िया दोनों ही इस इम्तिहान को लेकर डरी थीं।

अम्मा जानती थी कि उनकी जेठानी गुड़िया के अब्बा से भी ज्यादा रिवाजों को मनवायेगी। यह सोच उन्हें आज खुद पर ही ग़ुस्सा आया कि जानते-समझते भी अपनी फूल-सी बेटी को उनके हवाले कर रही हैं।

दोपहर के खाने का इन्तजाम हो गया था तो औरतों का जमघट घर से कुछ कम हुआ था। सभी खाना खाने मदरसे की ओर गयी थीं।

गुड़िया को आराम का मौका मिल गया था। लेटे-लेटे उसका ध्यान नयी ज़िन्दगी की ओर ही था। आँखें बन्द किए उसी को सोच रही थी। वह बचपन से ही वसीम को देखती आयी है। वो लम्बा-चौड़ा और अच्छी कद-काठी का मालिक था।

रंग साफ था और आँखें नीली थीं।

अम्मा अक्सर कहा करती हल्के रंग की आँखों वाले से वफा की उम्मीद ही बेकार होती है।

उसके अब्बा की भी आँखें हल्की थीं, शायद अम्मा इसीलिए यह कहा करती थीं।

लेकिन उसे तो वसीम की नीली आँखें खूब भातीं, लगता वसीम की बजाय उसकी आँखें ऐसी होती तो खूबसूरती में चार चाँद लग जाते।

खाने का काम खत्म हुआ तो कमरे के बाहर अब ससुराल के रिश्तेदारों की विदाई के कपड़े दिए जा रहे थे। बड़ी अम्मी को उनका शगुन मिला तो उनकी आँखों में चमक आ गयी थी सोने के एरिन देख। ससुराल के रिश्तेदारों की पैरावणी पूरी हुई तो आखिर में दामाद को सलामी दी जानी थी, सो दूल्हे को यहाँ बुलवाया गया।

यह सुनकर ही कमरे में बैठी गुड़िया का दिल धड़क उठा। उसका आसपास होना ही उसे अच्छा लग रहा था।

दूल्हे को ससुराल की ओर से सोने की चैन, सोने की अँगूठी, चाँदी का नारियल, इक्यावन सौ रुपये सलाम दिया गया।

औरतें एक-दूसरे का मुँह ताक रही थीं, हर कोई इतनी सलामी दी जाने की बातें कर रहा था।

लेकिन दूसरी ओर गुड़िया की बड़ी अम्मी और वसीम हाथ में यह सलामी लिए खुश नहीं दिख रहे थे।

अम्मा ने चाँदी के नारियल पर इक्यावन सौ रुपए रख जैसे ही पकड़ाए, वसीम ने मजाकिया अन्दाज में कहा—'अरे इसकी क्या जरूरत थी, बस बाइक होती तो अच्छा रहता।' अम्मा सन्न रह गयीं।

हालाँकि इसके बाद माँ और बेटा दोनों ही हँस रहे थे, मानों उन्होंने कोई मजाक ही किया, लेकिन अम्मा और पास खड़े हाशिम मियाँ को तो चुभ गया।

करीम बिना कुछ बोले ही वहाँ से चल दिया।

बात गुड़िया तक पहुँची तो उसने भरोसा नहीं किया। उसने भी मानने से इंकार किया कि वसीम ऐसा कह सकते हैं।

उसने अपनी कज़िन से कहा—'वो जरा मजाकी हैं, तो यूँ ही कह दिया होगा।'

'अच्छा, जाने दो, इतना तो हम भी समझते हैं, उसे तो बाइक ही चाहिए।' कज़िन ने पलटकर जवाब दिया।

गुड़िया को अपनी कज़िन की बातों पर ग़ुस्सा हो आया कि बात का बतंगड़ बना रही है।

'बड़ी अम्मी भी कितनी ही बुरी हों, मुँह से नहीं माँगतीं, वैसे भी उनके पास पैसे की कमी नहीं कि बाइक के लिए अब्बा का मुँह देखें।'

उसका बुर्का बरी के कपड़ों में से निकालकर उसके लिए भेज दिया गया। कजिन पास बैठी बुर्के की पैकिंग खोलने लगी।

गुड़िया कोई 11-12 की रही होगी, तभी से बुर्का ओढ़ रही है, लेकिन आज उसे यह बुरा लग रहा है।

उसका इतना अच्छा लहंगा इसमें छिप जायेगा और नकाब से मेकअप भी बिखरेगा। इस पर जेवर इसमें अटकेंगे सो अलग। आज उसे इससे उलझन हुई जा रही थी।

अम्मा देख रही थीं कि बेटी को विदा करने का वक़्त हो चला है, अब जो जायेगी तो मेहमानों की तरह ही आया करेगी।

बेटी के मुस्तकबिल को लेकर डर और दुआएँ दोनों उनके मन में उथल-पुथल हो रहे थे। वो अल्लाह से बार-बार उसकी बेहतरीन ज़िन्दगी के लिए दुआएँ करने लगी।

विदा होते गुड़िया भाइयों के उतरे चेहरे देख समझ रही थी। वो जानती है कि भाई उसे किस डर के साथ विदा कर रहे हैं। वो विश्वास दिलाना चाहती थी, अपने बेहतर मुस्तकबिल का, लेकिन रोते हुए लफ्ज न निकल सके।

कार की पिछली सीट पर बैठी गुड़िया ने नजर उठाकर बुर्के की नकाब की ओट से इधर-उधर देखा, कार में बड़ी अम्मी उसे साथ थी तो आगे ड्राइवर के पास उसकी खाला सास की बेटी बैठी थी।

नकाब खींचकर वो गर्दन झुकाकर बैठ गयी। वो तो कब से सोच रही थी कि दोनों कार में साथ जाएँगे और वसीम कुछ छेड़खानी करेंगे तो वह दूर हट जायेगी और उन्हें चिढ़ाएगी। यही सोचते हुए वे ससुराल के दरवाजे पर आ पहुँचीं।

भीतर से कुरआन शरीफ लाया गया और बड़ी अम्मी ने कुरआन उसके सिर

पर रखते हुए नयी ज़िन्दगी के लिए इस्तकबाल किया।

इस बार पीछे-पीछे वसीम है।

वो सुन रही थी कि बड़ी अम्मी उसके साथ वसीम को भी दुआएँ देने लगीं, इसीलिए उसने अन्दाजा लगा लिया था कि वह पीछे ही है।

उसकी धड़कनें फिर बढ़ने लगीं। वसीम के पास होने भर से ही उसका दिल उछलने लगा।

अन्दर ले जाकर उसे घर के बड़े हॉल में बिठाया गया, जहाँ अक्सर बड़ी अम्मी की बैठक हुआ करती। पूरा घर खुशबुओं से महक़ रहा है। माहौल खुशियों से भरा हुआ, मुबारकबाद की आवाजें हर ओर से आ रही हैं। हॉल में लगे तखत पर नयी रेशमी चादर बिछाई गयी, उसी पर नयी दुल्हन बैठ गयी।

झुकी गर्दन, घूँघट के भीतर से वो अपने हाथों की ओर देखने लगी। मेहँदी से पूरे लाल, जैसे लाल दस्ताने पहने हो, उसने हाथों को समेट लिया। मन-ही-मन कहा—'कोशिश करूँगी कि वसीम ना देखे।' पहली ही मुलाकात में कुछ भी बुरा दिखे, ऐसा वह नहीं चाहती थी।

वो तो एक-एक पल गिन रही थी, बार-बार अपने लहँगे को, अपने दुपट्टे को सही करने लगी। कभी अपनी चूड़ियाँ देखती तो कभी हार को ठीक करती। उसकी नजर पैरों पर चली गयी। बिछिया उसने पहली बार पहनी थी, ये उसे बहुत ही अच्छी लगी।

घर की औरतें और रिश्तेदार आते-जाते उसका घूँघट उठातीं और उसकी तारीफ करते नहीं थक रही थीं।

उसे ये तारीफें नहीं भायीं, वो तो यह वसीम से सुनना चाहती है।

'उससे कितनी ही बातें करनी हैं, कितनी ही शिकायतें भी। और ढेर सारा प्यार भी तो...'

फिर सोचा, 'शिकायतें तो किसी और दिन कर लूँगी, आज की रात शिकायतों के लिए क्यों खराब करूँ? और क्या भरोसा कि वह शिकायतों से रूठ जाये और यह मन्नतों की रात उसे मनाने में ही बीत जाये।'

'वहाँ फूलों की सेज मेरा इन्तजार कर रही होगी। आज तो मोगरे की हजारों कलियाँ मेरे आसपास महकेंगी।'

कमरे में बस वो ही थी और इन्तजार पसरा था।

उसने निगाह उठाकर चारों ओर देखा—फूलों के नाम पर वहाँ कुछ नहीं था। उसके दहेज में आयी मरुन मखमली चादर उसी के दहेज के बैड पर बिछी थी। मोगरे के फूलों की उसे कमी खल रही थी। आज तो उसके कानों में भी नहीं थे, ना

ही सेज पर।

इस बात को उसने मन से झटका और महसूस किया कि उसका दिल वैसे ही मचल रहा है।

वसीम आते ही उसका घूँघट उठाना चाहेगा तो वह कुछ देर तक उसे परेशान करेगी। थक-हारकर वो पहले मुँह दिखाई का अच्छा-सा तोहफा पेश करेगा। शायद कोई सोने की अँगूठी या चैन या फिर चूड़ियाँ।

वो सोच ही रही थी कि दरवाजा खुलने की आहट-सी हुई।

'अस्सलाम अलैयकुम...'

दूसरी ओर से आती आवाज पर उसने थमती साँसों को जैसे वापस आते महसूस किया। बन्द हुई आँखों को खोला और कोई जवाब देती, इससे पहले ही आवाज दुबारा आयी।

'क्या बात है कान खराब हैं क्या, मैंने सलाम किया और जवाब ना मिला।' दूसरी ओर से वसीम कह रहे थे।

वो झेंप गयी और लरजती आवाज में कहा—'वालेयकुम अस्सलाम।'

लेकिन आवाज इतनी ही निकली कि वसीम को बस अन्दाजा ही हुआ कि उसने जवाब दिया है।

'आपकी आवाज ही नहीं निकल रही, लगता है सर्दी हो गयी है।' यह कहते हुए वसीम उसके करीब बैठ गया था।

वो अपने में ही सिमटने की कोशिश कर रही थी कि दो हाथों ने उसे जकड़ लिया, वो डर के मारे अपने को छुड़ाने की कोशिश कर रही थी कि एक हाथ से उसने घूँघट उठाया और दूसरे ही पल उसके चेहरे पर चेहरा रख दिया।

गुड़िया को अपने अरमानों को समेटने-सहेजने का कोई मौका नहीं मिला।

पान और सिगरेट की मिली-जुली बदबू गुड़िया की साँसों में घुलती जा रही थी और उसे उबकाई-सी आने लगी।

उसने होंठों को दूर करने की कोशिश तो की लेकिन नाकाम रही।

उसने अँधेरे में देखा नहीं, लेकिन समझ गयी कि शेव बढ़ी है। उसके चेहरे पर वसीम की शेव लगातार चुभ रही थी।

वो अपने इस खुरदरे से चेहरे को उसके चेहरे से रगड़े जा रहा था और गुड़िया इस चुभन से बेजार होने लगी थी।

उसकी चीख निकलने ही वाली थी कि वसीम ने कसकर उसके मुँह पर अपना हाथ रख दिया। उसकी साँस फूलने लगी, लेकिन वो उस अहसास में थी, जो उसे पहली बार हुआ।

इस नयी-सी छुअन को उसने भीतर तक महसूस किया। बदन अब भी लरज रहा था।

कुछ देर के लिए उसने आँखें बन्द कर लीं। उसे अब बदबू से कोई सरोकार नहीं रहा था, उसके हाथ अपने आप ही उसके ऊपर झुके वसीम के इर्द-गिर्द सिमट गये, उसने वसीम को बाँहों में भर लिया।

उसने महसूस किया भरी सर्दी में भी वसीम की पीठ पसीने से गीली थी।

वसीम के हटते ही गुड़िया को होश-सा आया तो उसने शर्म के मारे, करवट बदल ली। उसने जल्दी-जल्दी अपने कपड़े बदन पर डालने शुरू किए कि वसीम ने हाथ बढ़ाकर उसे रजाई में खींच लिया।

उसने वसीम की ओर नजर उठाई। नाइट बल्ब की हल्की रोशनी में उसने देखा वाकई वसीम की शेव बढ़ी थी। उसने सोचा कम-से-कम अपनी शादी के दिन तो उसे यह साफ करवा लेनी चाहिए थी।

रातभर वो यों ही जलती-पिसती रही, सुबह होते-होते उसका बदन टूटने लगा। उसे लगा कि जिस छूअन के लिए वो इतना बेकरार हो रही थी, वो तो बहुत तकलीफदेह-सी है। उसका सिर घूम रहा था।

सुबह साढ़े चार बजे उसकी आँख लगी ही होंगी कि दरवाजा खटखटाने की आवाज आयी। उसकी कजिन ननद ने आकर उसे बाहर चलने को कहा।

वो जरा भी सो नहीं पायी और इस पर दिनभर औरतों का आना-जाना लगा रहा। घूँघट उठाती, तारीफ करती और फिर मुँह दिखाई दे जाती।

उसे अब बार-बार घूँघट उठाने से उलझन हो रही थी।

इसी बीच एक ननद ने पूछ लिया—'क्या मिला मुँह दिखाई में।'

इस सवाल पर गुड़िया चौंक गयी, याद आया कि वसीम ने कुछ नहीं दिया। यहाँ तक कि घूँघट उठाकर कुछ पल उसकी ओर देखा भी नहीं, तारीफ भी नहीं की, जिसके लिए इतना सजी-सँवरी उसी ने उसके श्रृंगार पर ध्यान नहीं दिया।

ननद ने कोहनी से टल्ला देते हुए छेड़ा—'अब बता भी दो, हमसे क्या शरमाना।'

'कुछ बेहतरीन तोहफा ही दिया होगा भाई ने, बताओ तो...'

उसने सिर झुकाए झुकाए ही कहा—'नहीं अभी नहीं दिया।'

'ये लो... ये भी कोई बात हुई भला। हम कौन-से गैर हैं जो आप हमीं से छिपाए जाती हो। नहीं बताना तो मत बताओ।' ननद ने कुछ नाराजगी जताई।

गुड़िया को ज्यादा कुछ कहना ठीक नहीं लगा, सो चुप ही रही।

रात होने को थी।

उसका दिल फिर से गुलाँचे मार रहा था। वसीम का बाँहों में इस तरह जकड़ लेना कि दम निकल जाये, उसे बेहद रोमांचित कर देता था। हालाँकि वो सिगरेट और पान के ख्याल से अब भी मुँह बनाने लगी, लेकिन वसीम के प्यार के आगे यह सब बेकार था।

वो हँस दी इस तरह के अहसास के लिए जो उसके लिए अजीबोगरीब-से थे। उन्हें समझ नहीं पा रही थी। बस, हर पल के साथ वो इनमें बहते रहना चाह रही थी।

उसने ठान लिया था कि आज वसीम से बात करेगी और कहेगी कि वो दाढ़ी बनाए। जब उसके पास आये तो उस वक़्त पान-सिगरेट को हाथ ना लगाए। अभी तो बस इतनी ही इल्तिजा करूँगी, फिर धीरे-धीरे इस आदत को पूरी छुड़वाकर रहूँगी।

रात को फिर वह अपने कमरे में थी। वसीम कमरे में दाखिल हुआ, उसके करीब बैठते हुए कहा—'दिन कैसा निकला मेरे बिना।'

बिना किसी जवाब का इन्तजार किए वसीम ने उसे फिर जकड़ लिया। आज भी वसीम ने उसे सोने नहीं दिया। बीच में कुछ पलों की झपकी लेती और फिर वसीम को अपने पर सवार पाती।

जब बहुत थक गयी तो वसीम से कहना भी चाहा कि अब नहीं—लेकिन बात होंठों से बाहर नहीं निकल पायी। शौहर बुरा ना मान जाये, यही सोचकर।

बस आँखें मूँदे-सी वह वसीम के इशारों पर चलती रही। सुबह होते-होते तो उसे यह सब बुरा लगने लगा था। रात को फिर वसीम ने उससे कोई बात नहीं की और ना ही कुछ सुना। ऐसे ही दो-चार रातें और बीत गयीं।

इतने महीनों से उसके मन में कितनी ही बातें जमा हो गयी थीं, जो उसे वसीम को कहनी थी, लेकिन वसीम का रवैया देख उसकी बातों पर गर्द जमने-सी लगी थी।

शादी के बाद अब जाकर कुछ आराम का मौका मिला। दिन में औरतों का आना-जाना कम रहा। बाहर से जो मेहमान आये थे, वो भी चले गये थे। कमरे में अपने साथ किसी को बैठा ना पाकर गुड़िया ने राहत की साँस ली और कुछ देर के लिए लेट गयी।

सोचा—कितना अच्छा होता कि दिन में भी वसीम से मुलाकात हो पाती, तो उससे वह सब कहती, जो वो रात के अँधेरे में कहने का मौका ही नहीं देते थे।

रातें ऐसी ही गुजर रही थीं और हर दिन वो मन-ही-मन वसीम से बातें किया करती। वैसे ही जैसे शादी से पहले किया करती थी। उससे मिलकर अपने दिल की बातें कहने के जो सपने देखा करती थी, वो सपने वसीम के साथ होते हुए

भी अनछुए से थे। वसीम ने उसे तो छुआ लेकिन उसके मन को नहीं।

इसीलिए वो मन-ही-मन कई मनसूबे बनाती। कभी वसीम से नाराज हो जाती तो कभी खुद ही मान जाती। रसोई का काम कर रही हो, या फिर दोहपर में अकेले कमरे में वक़्त काट रही हो, वो वसीम से खयालों-खयालों में ही लड़ती-मानती रहती।

उसके दिन वसीम के पास ना होकर भी उसके साथ ही बीतते और रातें वसीम के साथ होती लेकिन वो उतना करीब नहीं पाती, जितना दिन के खयालों में।

शादी के बीस दिनों बाद उसे माहवारी शुरू हो गयी थी, बड़ी अम्मी को जैसे ही पता चला, उनका मुँह बन गया।

'हमारे तो पहले महीने में ही दिन चढ़ गये थे। आजकल की लड़कियाँ होशियार भी तो होती हैं।'

'बता—तूने तो कोई दवा नहीं ली ना?' वो गुड़िया को डाँट रही थीं।

गुड़िया हैरान-सी बड़ी अम्मी की ओर ताक रही थी।

उसने कहा—'मैंने तो कोई दवा नहीं ली।'

'फिर कैसे आ गये ये दिन। मैं तो उम्मीद लगाए बैठी थी कि इसी महीने खुशखबरी भी सुन लूँगी। लेकिन तुम्हें इससे क्या।' यह कहते हुए वे रसोई से बाहर चली गयी।

गुड़िया को समझ नहीं आया कि क्या हुआ, उसकी क्या गलती है कि उसे बड़ी अम्मी बातें सुना रही हैं।

दोपहर तक हाशिम मियाँ उसके घर पर थे। बड़ी अम्मी ने अन्दर आकर उसे कहा था कि कुछ कपड़े रख ले और छह-सात दिनों तक पीहर हो आये।

वो अचानक पीहर भेजे जाने पर हैरान थी और खुश भी कि कुछ दिनों का आराम भी हो जायेगा, अम्मा के साथ भी रहने को मिल जायेगा।

अपने कपड़े एक छोटे बैग में डाले, ध्यान अभी भी वसीम की ओर था—'वो तो घर पर हैं ही नहीं, उन्हें बिना बताए चली जाऊँ तो शायद उन्हें अच्छा नहीं लगेगा। शायद वो मुझे भेजना भी नहीं चाहें।'

यही सोच रही थी कि बड़ी अम्मी आ गयी, 'चलो बुर्का ओढ़ लो, भाई जाने को तैयार हैं।'

'बड़ी अम्मी, वो मैंने उनसे तो पूछा ही नहीं।'

'अरे, नहीं-नहीं मैंने उससे कह दिया है।' तुम बेफिक्र होकर जाओ।

गुड़िया हैरान थी कि उसके जाने का सुनकर भी वसीम उससे मिलने नहीं आया।

दोनों के बीच की खामोशी उसे परेशान कर रही थी।

घर आते ही अम्मा ने गले लगा लिया।

वो सबसे पहले दालान की ओर बढ़ी अपनी चिड़ियाओं से बतियाने। देखा चिड़ियाएँ दोपहर की धूप में सुस्ता रही हैं। उसे आता देख चीं-चीं करने लगीं।

चिड़ियाओं के साथ आज अम्मा भी बेहद खुश थी। शादी के बाद बेटी से ढेर सारी बातें कहने-सुनने का अब ही मौका मिला था।

अम्मा ने पूछा—'सब ठीक है ना, वसीम के क्या हाल हैं।'

अम्मा क्या सुनना चाहती हैं, गुड़िया समझ रही थी।

उसने कहा—'वो ठीक हैं और बहुत अच्छे हैं। बल्कि बड़ी अम्मी और वसीम दोनों ही अच्छे हैं, वहाँ कोई परेशानी नहीं है।'

'पर न जाने क्यों आज बड़ी अम्मी बेहद ग़ुस्सा हो रही थीं, मेरी माहवारी का पता चला तो उनकी त्योरियाँ चढ़ गयीं। यह बात मुझे अच्छी नहीं लगी। उसने मासूमियत भरी शिकायत की।'

अम्मा हँस दी—'कोई बात नहीं, हर बेटे की माँ को यही उम्मीद रहती है कि शादी के पहले महीने ही खुशखबरी मिले, उनकी उम्मीद टूटी तो कह दिया होगा। तुम परेशान मत होओ, यह तो चलता ही रहता है।'

'हाँ, मैंने ध्यान नहीं दिया लेकिन बुरा तो लग रहा है ना!'

'चलो, कोई नहीं अब तुम कुछ आराम करो, थकान तुम्हारे चेहरे से झलक रही है।' अम्मा की इस बात पर वो झेंप-सी गयी।

आज उसे दिन में ही खूब नींद आयी, न तो वसीम का ही खयाल आया और न ही उसकी खामोशी ने उसे परेशान किया।

वो अपने पुराने दिनों में लौट आयी और आज उसे यह लौट आना खूब भा रहा है।

'गुड़िया उठ जा, मगरिब का वक़्त हुआ जा रहा है।' जब नहीं सुना तो अम्मा ने आकर रजाई खींच दी।

गुड़िया बोली—'अम्मा आप तो सोने दो ना।'

'सो जाना—बस मगरिब की अजान हो जाने दे, इस वक़्त सोना ठीक नहीं और वैसे भी अब्बा आनेवाले हैं, उनसे सलाम दुआ कर ले फिर चाहे जितना सो जाना।' आँखें मलती हुई गुड़िया बैठ गयी। रजाई को फिर से खींचकर पैरों पर डाल लिया था। अम्मा अपने काम करने को जा चुकी थीं।

यहाँ आये चार दिन बीत गये, लेकिन एक बार भी ना तो वसीम ही आया, न ही उसका फोन।

'जाने उनका मन कैसे लग जाता है मेरे बिना, मैं तो हर पल उनको ही

सोचती रहती हूँ। एक बार भी नहीं पूछा कि मैं कैसी हूँ, या लड़ ही लेते कि उन्हें बिना बताए आ गयी।'

अगली सुबह बड़ी अम्मी का फोन आया, यह सुनकर ही दिल धड़कने लगा कि शायद बुलावा आया हो।

अम्मा ने आकर बताया उसके लिए वाकई बुलावा आया है। वसीम उसे लेने आनेवाले हैं।

यह सुन तो वो और भी खुश हो गयी, आसमान में उड़ने लगी पंख लगाकर। बस इसीलिए कि आज तो पहली बार वसीम की बाइक के पीछे बैठेगी।

दोपहर को दो बजे के आसपास वसीम घर आये। वे बाहर ही बैठक में अब्बा के पास बैठे और उन्हीं के साथ खाना खाया।

गुड़िया चाहती थी कि वो अन्दर आये और उसका हालचाल भी पूछे। लेकिन ना तो वसीम अन्दर आया और ना ही उसे बाहर बुलाया।

अब्बा ने अन्दर आकर कहा—'वसीम को अपने दोस्तों के साथ जाना था, सो चला गया है। इसे हाशिम के साथ घर भिजवाने की इजाजत दे गया है।'

यह सुन गुड़िया के अरमानों पर जैसे मानो पानी उड़ेल दिया गया।

जो भी सपने देखती, वसीम उनमें बिलकुल फिट नहीं बैठ रहा था। वो अनमनी-सी हाशिम मियाँ के साथ बाइक पर बैठी और ससुराल आ गयी।

बैड पर बैठे-बैठे उसे खूब रोना आ रहा था। मन का हर अहसास टूटता चला जा रहा था। हर दिन वो कोई उम्मीद करती और दिन ढलते ही वह टूट जाया करती थी।

उसे अपनी सहेली आलेमा की याद हो आयी। वो यही कहा करती कि 'शौहर के तौर पर मर्द बेदिल होते हैं। वो जिस्म के साथ ही रुह पर ऐसे जख्म देते हैं कि दम घुटकर रह जाये।'

वसीम आज देर रात आये। करीब बारह बज रहे होंगे।

पहली बार था कि गुड़िया ने बैठे-बैठे घूँघट में इन्तजार नहीं किया, वो रजाई ओढ़कर लेटी थी।

वसीम कमरे में दाखिल हुआ और अपनी जैकेट-मफलर उतारकर एक ओर फेंके।

'हाँ, तो बहुत आराम हो गया महारानी साहिबा, अब उठकर हमारा इस्तकबाल भी नहीं करोगी क्या?' बड़ी ही बेरुखी से वसीम ने उससे सवाल किया।

वो उठ गयी थी और सलाम किया।

वसीम ने उसे बैठे-बैठे ही गले लगा लिया था।

उसके सीने से लगकर तो वह फिर सारी शिकायतें भूल गयी थी। उसकी गरमाहट से सर्द पड़ रहे अरमान जागने लगे थे। उसने भी वसीम को बाँहों में भर लिया। वसीम के हाथों की पकड़ तेज होती गयी। वसीम की दिनभर की बेरुखी उसे उसके पास आने से रोकती। लेकिन उसकी बाँहों में जाते ही वह सब भूल जाती।

कुछ ही देर बाद वसीम नींद की आगोश में चला गया। उसके खर्राटे तेज होते गये और गुड़िया उसे गौर से देखती रही।

दाढ़ी बढ़ी हुई, गुटखा–पान खा–खाकर गन्दे हो चले दाँत, आँखों के आसपास स्याह घेरे। उसके पसीने से धुँए की बद्‌बू मुसलसल आ रही थी।

गुड़िया खुद से ही सवाल करने लगी, 'यही है मेरे सपनों का शहजादा?'

उसे फिर घिन्न आयी कि ऐसे इनसान के साथ मैं हर रात सोती हूँ।

आज की रात फिर उसकी शिकायतें उसके मन में ही रह गयीं।

वसीम दिन में कभी–कभार ही घर आते। आते तो भी वो बड़ी अम्मी से कुछ बातें कर लौट जाते।

वो घूँघट में ही उन्हें कभी दोपहर का खाना लगा देती तो कभी चाय बना लेती। वो अक्सर दोपहर में अपने कमरे में बोर होती रहती। उसके कमरे में तो टीवी भी नहीं था कि कोई सीरियल या फिल्म देख वक़्त गुजार पाती।

शादी के तीसरे दिन ही दहेज में मिला नया टीवी बड़ी अम्मी के कमरे में लगा दिया गया था, उनका पुराना टीवी हॉल में रखा गया था।

नयी–नयी थी, इसीलिए इस बात को लेकर कोई सवाल–जवाब नहीं किया। उसने सोचा कि मौका मिलते ही वसीम से टीवी कमरे में रखने की इजाजत ले लूँगी, लेकिन उससे कोई बात नहीं हो पायी।

शादी को दो महीने बीत गये थे। इन दिनों में वसीम से बस नाम की ही बात हुई होगी।

हाँ, कभी–कभार वो पूछ लेता कि उसका मन तो लग रहा है ना, वो उस घर में खुश तो है ना, उसे किसी चीज की जरूरत तो नहीं। वसीम यह पूछता और बिना जवाब सुने ही बात को दूसरी ओर मोड़ जाता।

गुड़िया के मुँह से जवाब निकले, इससे पहले ही वसीम की बात खत्म हो जाया करती।

एक दिन वसीम के आते ही उसने बिना किसी बात या सवाल का इन्तजार कि सीधे कह दिया—'आप मेरे पास आओ तो उससे पहले ये पान–गुटखा मत

खाया करो, अच्छा नहीं लगता।' वसीम की त्योरियाँ चढ़ गयी।

'मेरे लिए क्या अच्छा है, क्या नहीं, तुम मत बताओ।'

'बीवी हो अम्मा नहीं।'

'मैं शौहर हूँ तुम्हारा, गुलाम नहीं कि मुझे जैसे चाहोगी वैसे ही रखोगी। सही कहते हैं दोस्त बीवी को तो जूते की नोक पर रखना ही अच्छा, ज्यादा मुँह लगाओ तो हुकुमत चलाने लगती हैं।' यह कहते हुए उसने गुड़िया को बैड पर धकेल दिया।

वो चुपचाप—हैरान-सी समझने की कोशिश करती रही कि उसने इतने दिनों में बस यही एक माँग की थी, उसे वो इस तरह ठुकरा रहा था जैसे कोई बड़े गुनाह की बात कह दी हो।

सर्द ठंडी हवाओं की जगह अब नमी रहित हवाएँ चलने लगीं। पेड़ों से पत्ते झड़ने लगे। मार्च आते-आते ही धूप कुछ तेज होने लगी। गर्म कपड़ों का तो काम ही नहीं। रजाई-स्वेटर धोकर ट्रंकों में भरे जा चुके हैं। बिस्तर भी हल्के सुहाने लगे।

दिन कुछ लम्बे हो जाने से गुड़िया और भी परेशान रहने लगी।

उधर बड़ी अम्मी का ग़ुस्सा बढ़ता जा रहा था।

हर माह आनेवाली माहवारी उसके लिए परेशानी का सबब बन गयी। माहवारी की सुनते ही बड़ी अम्मी घर सिर पर उठा लेतीं।

'सच-सच बता लड़की, क्या करती है। कोई देसी दवा ली है या डॉक्टर की। इतने महीनों में भी खुशखबरी नहीं सुना सकी तो तू हमारे किस काम की। तुझे यहाँ सजाने के लिए थोड़े ही लाई हूँ।'

'बाँझ कहीं की...'

यह बात उसे तीर की तरह चुभी। दिल से कोख तक तिलमिला उठी।

कमरे की खिड़की से बाहर आती-जाती गाड़ियों को अपनी सूनी-सी आँखों से देख रही थी। पास पड़ी कुर्सी को खींचा और उसी पर बैठ गयी।

मन की टीसें बहुत परेशान करने लगी। बातें, बातें ना हुई कोई गर्म सलाखें हुईं कि उसे भीतर तक दाग रही थीं। अपने वजूद पर उसे जो रोना आया तो आँसूओं ने रुकने का नाम ना लिया, जैसे अपना कोई मर जाये दिल का सब्र टूट जाता है, वैसे ही सब्र टूटा आज।

आज ही तो उसे अच्छी तरह पता चल गया था कि उसका वजूद तो मरा हुआ है। इतने दिनों से एक जनाजे को वह अपने साथ ढो रही थी। दिनों से क्यों बरसों से ही अपने मरे वजूद को वो ज़िन्दा समझकर खुश होती रही। जबकि वो तो था ही नहीं।

उसके पैदा करनेवालों ने भी तो वजूद ज़िन्दा रखने में उसकी कोई मदद नहीं की थी। उनके लिए भी बस वो बेजान गुड़िया थी, जिसकी अपनी कोई पसन्द-नापसन्द नहीं, बस माँ-बाप, भाई ही उसके उठने-बैठने, पहनने-ओढ़ने की हर बात तय करते रहे, बिना यह जाने कि वह क्या चाहती है।

एक दिन बस यूँ ही अब्बा ने कह दिया कि स्कूल नहीं जायेगी, बड़े होने से पहले ही बुर्का लाद दिया गया। फिर अपना फर्ज पूरा करने के नाम पर उसका बोझ कहीं और डाल दिया, तब भी उसके वजूद के बारे में किसी ने नहीं सोचा।

इस घर में भी तो वो बस वसीम को खुश करने के लिए या बड़ी अम्मी का घर चलाने के लिए है।

आज ही पता चला कि उसे तो बस उनका वंश चलाने के लिए ही लाया गया है। इसके सिवा तो उसका अपना कोई वजूद ही नहीं है।

और वसीम, वो भी तो उसके वजूद को कहाँ ज़िन्दा रख पाया, बस उसकी भूख मिटाने का जरियाभर रही। उसे ज़िन्दा समझकर या उसमें जान समझकर तो वसीम ने कभी बर्ताव नहीं किया।

हाशिम मियाँ को जाने क्या सूझी कि वे इधर चले आये। बहन के घर आये तो खाली हाथ नहीं, फल-मिठाई के थैले लाए थे।

बड़ी अम्मी ने अनमना-सा सलाम का जवाब दिया और उन्हें अकेला छोड़ कमरे में चली आयी। हाशिम मियाँ को उनका यह बर्ताव ठीक नहीं लगा। उन्होंने बहन की ओर देखा और कुछ पूछते इससे पहले ही उन्होंने दिल पर हाथ रख लिया।

गुड़िया का जर्द पड़ता चेहरा उन्हें डराने लगा। उन्होंने गुड़िया का हाथ पकड़कर सामने बैठाया और पूछा—'क्या बात है, बड़ी अम्मी तुझसे नाराज हैं क्या और यह क्या तुझे ये लोग परेशान करते हैं जो तू इतनी कमजोर हो रही है। देख जरा अपने चेहरे को कितना पीला पड़ रहा है। चल डॉक्टर को दिखा लाता हूँ।'

उन्होंने परेशानी में कितने ही सवाल कर डाले।

गुड़िया ने चेहरा झुका लिया और कहा—'मैं बिलकुल ठीक हूँ और बड़ी अम्मी की छोड़ो, वो तो कभी-कभी यों ही नाराज हो जाती हैं।'

'नहीं, बात कुछ और ही है। छिपा मत। वसीम का रवैया तो ठीक है ना, या वो भी तुझसे ऐसे ही नाराज रहता है।' भाई ने फिर सवाल किया।

'आप परेशान ना हों, सब ठीक है। छोटा-मोटा तो चलता ही रहता है।' उसने भाई को समझाने की कोशिश की, लेकिन भाई को दिली तसल्ली ना हुई।

घर आकर सीधे अम्मा के पास गये।

कहा—'गुड़िया शायद बहुत परेशान है वहाँ, बीमार-सी लग रही है। मुझे तो कुछ बताया नहीं, शायद आपको ही बता दे।'

उन्होंने बेटी को फोन लगाया।

दूसरी ओर जेठानी थीं।

'अस्सलाम अलैयकुम भाभीजान'

'वालेयकुम अस्सलाम'

'कैसे हैं घर पर सब?'

'कैसे होंगे, बेटे ने बताया होगा ना कि उसकी बहन ने उसे क्या सिखा भेजा है।'

यह सुन अम्मा सहम गयी—'नहीं, नहीं हाशिम ने कुछ नहीं कहा।'

'मैं सब समझती हूँ, तुम लोगों को।'

'एक तो बाँझ बेटी मेरे बेटे के गले डाल दी, इस पर बातें आ रही हैं।'

अम्मा के कानों में तो जैसे किसी ने पिघला शीशा उड़ेल दिया हो।

खुद को सँभालते हुए बोली—'ऐसा क्यों कहती हैं, और अभी शादी का वक़्त ही कितना हुआ है। छह महीने ही तो बीते हैं।'

'तो क्या पेट से रहने में सालों लगते हैं। हमें या तुम्हें तो एक महीने में ही हमल ठहर गया था, औरों की खुशखबरी भी दो-तीन महीने में आ ही जाती है, ये तो तुम्हारी बेटी है कि हर महीने माहवारी के दिन निकाल लाती है।'

'ऐसी बात है तो डॉक्टर को दिखा लेते हैं', अम्मा ने उनके तंज पर खून का घूँट पीते हुए जवाब दिया।

'इसमें डॉक्टर क्या करेगा। इतना ही शौक है तो ले जाओ, तुम ही दिखा लेना।' यह कहते उन्होंने फोन काट दिया।

फोन का रिसीवर रखते-रखते अम्मा का हाथ काँप गया। आँखों से कुछ बूँदें गालों तक लुढक आयी।

शाम को खाना खाकर अब्बा के कमरे में जा बैठी। 'क्या बात है।' अब्बा ने सवाल किया।

'गुड़िया के बारे में बात करनी है।' अधलेटे अब्बा अब बैठ गये।

पूछा—'क्यों, ऐसा क्या हुआ?'

'वो गुड़िया के यहाँ से अब तक कुछ खुशखबरी नहीं आयी तो उसकी सास कुछ परेशान हो रही हैं।'

'इसमें परेशानी की क्या बात है, अभी तो छह महीने ही हुए हैं ना?'

'लेकिन आपकी भावज को तो जाने क्या जल्दी मची है, घर सिर पर उठाए

रहती है, मेरी बच्ची जाने कैसे उसके ताने बर्दाश्त करती होगी।' 'अच्छा, अभी इन्तजार करो, फिर डॉक्टर तो हैं ही। आजकल तो खूब इलाज हैं जमाने में। तुम्हें भी परेशान होने की जरूरत नहीं और गुड़िया को भी।' यह कहक़र उन्होंने करवट ले ली।

घर में जो भी बात या तनाव चल रहा है, वसीम को उससे कोई लेना-देना नहीं था। वो देर रात कमरे में आता। अपनी मनमर्जी करता और सो जाता। गुड़िया चाहती कि वो इस बारे में उससे बात करे, लेकिन यह भी जानती कि कोई मतलब नहीं है। कोई दिलासा देने या आँसू पौंछने की बजाय वो नया झगड़ा खड़ा कर देगा।

जब भी जरूरत होती वह अपने खयालों में ही उससे बात कर लिया करती और दिल को बहला लिया करती।

उसके ख़्वाबों का वसीम हक़ीकत से कहीं ज्यादा खूबसूरत और अच्छा था। वो उसकी हर बात पर मुस्करा दिया करता, उसके आँसुओं से भरी आँखों को चूम लिया करता, हाथों में हाथ पकड़कर कोई वादा कर लिया करता और उसे बाहों में भरकर सारे जमाने से छिपा लिया करता था। वो उसके साथ बहुत खुश होती।

लेकिन जब हक़ीकत में आती तो मायूस हो जाया करती। वो चाहती कि यह हक़ीकत उससे कहीं दूर, बहुत दूर चली जाये तो अच्छा, वो तो ख़्वाबों की दुनिया में ही अपना घर बनाकर खुश रह लेगी।

लेकिन ऐसा होता कहाँ है, 'औरतों के ख़्वाबों का भी कोई वजूद नहीं होता, ठीक उनके वजूद की तरह।'

सालभर बीत गया, वसीम के लिए सेज सजती रही, लेकिन गुड़िया की ज़िन्दगी में किलकारियाँ गूँजने का पैगाम नहीं आया। वो दिन-ब-दिन कमजोर हुए जा रही थी, लेकिन वसीम को इसकी सुध कहाँ।

'वसीम, इस बाँझ से तो कुछ उम्मीद नहीं मुझे। अब अपने इस कुनबे को आगे बढ़ाने की फिक्र कर।' बड़ी अम्मी दोपहर का खाना खाते वसीम से कहने लगी।

वह हँसने लगा, कहा—'आप फिक्र ना करो, वक़्त आने पर आपकी उम्मीद भी पूरी होगी।'

अब वसीम रात को दो बजे तक आता। कब सोता पता नहीं, लेकिन सुबह होते-होते वो गुड़िया को जगाता जरूर। सुबह की गहरी नींद में इस तरह जगाना उसे बेचैन कर जाता, लेकिन वो जानती थी कि मना करने का कोई फायदा नहीं।

झगड़ा होता और फिर वो उसकी मारपीट तक पहुँच जाया करता। वो थक गयी थी, इसीलिए मार खाने की हिम्मत नहीं रही। और मार खाने के बाद भी ऐसा नहीं था कि बिस्तर से किसी तरह का छुटकारा मिल जाता। सो, उसने घुटने टेक दिए थे।

हालातों से समझौता करना तो उसने बचपन से ही सीखा है। हर कदम पर

अब्बा का डर और अब्बा से इजाजत लेने के पीछे कितनी ही बार उसने छोटी-छोटी बातों पर समझौता किया।

आज भी वो समझौता कर मुसीबतों के बाद भी अपना घर समझदारी से समेटे हुए थी, इस बात के लिए उसने मन-ही-मन अपने अब्बा का शुक्रिया अदा किया।

कहा—'आपने मुझ पर इतनी पाबन्दियाँ नहीं लगायी होतीं तो आज मैं दबकर यहाँ नहीं रह पाती।'

जाने इस शुक्रिया में वो वाकई में अब्बा पर नादिम थी, या उनसे शिकायत थी।

चाँद रात की 17 तारीख थी, चाँद थोड़ा तिरछा पड़ने लगा, इसीलिए कमरे की खिड़की से साफ दिखाई दे रहा था। चाँद देखकर उसके चेहरे पर मुस्कराहट उभर आयी, जैसे उसे अपना बिछड़ा कोई पुराना साथी मिल गया हो।

'अब्बा ने तो तुझे भी देखने पर पाबन्दी लगाई, कि कहीं मैं तुझ पर फिदा ना हो जाऊँ। तू है ही इतना खूबसूरत, नूर से भरपूर कि कोई भी तेरा हो जाये।'

बिखरी-सी चाँदनी में उसे अपनी अम्मा की कई कहानियाँ याद हो आयीं। परी की और एक राक्षस की और एक बुढ़िया की, जंगल की भी।

आँखों में आँसू भर आये, चाँद से कहा—'तू ही सिमट आ ना आँचल में कि मैं तुझे वो सारी कहानियाँ सुना दूँ।'

और फिर खयालों में ही उसने अपना आँचल बाँहों में समेट लिया। अपने सीने में दबी ममता को वो चाँद पर लुटाने लगी। आँचल को समेटे घंटों रोती रही।

गुड़िया अठारह की होने जा रही है। यों तो उम्र बचपन से जवानी की दहलीज पर कदम रखने की है, लेकिन उसने तो अब तक बचपन, जवानी और उससे आगे की भी ज़िन्दगी जी ली। बल्कि वह किसी समझदार बुजुर्ग की तरह खामोश ही रहा करती।

ना चूड़ियों की खनक में उसकी कोई दिलचस्पी रही और ना ही वो अब अपने पायलों की रुनझुन सुन चहक़ती। ना मोगरा के फूल अब उसके क़ानों में महक़ा करते थे और ना ही वो अपनी चिड़ियाओं से बातें करती।

इस घर में उसकी हैसियत यही तो थी। उस बुजुर्ग की तरह जिसकी अब घर में कोई जरूरत नहीं रही हो। वो बस अपने दिन काट रहा हो और घरवाले भी दुआ में हाथ उठाएँ तो उससे छुटकारा ही माँगे।

छोटा भाई हमेशा कहता था कि हम बीसवीं पार कर इक्कीसवीं सदी में जा रहे हैं। आधुनिक जमाने के लोग हैं, यहाँ पुरानी बातें अच्छी नहीं लगतीं।

'फिर मेरे साथ ऐसा क्यों? मैं भी तो इसी सदी का हिस्सा हूँ, अब्बा ने भाइयों को इस नयी सदी में जीने लायक बनाया, पढ़ाया, नौकरी करवाई तो मैं ही क्यों पिछली सदी में रह गयी।'

हमेशा की तरह इस सवाल के एवज में दूर तक खामोशी ही पसरी रही। उसे फिर कोई जवाब नहीं मिला।

उसके खयाल भी सर्द पड़ चुके थे। उसे खयालों वाला वसीम भी अब दिखना बन्द हो गया। वो खयालों में आता तो भी वह उससे बात ना करती। खामोशी से अपनी नाराजगी जता देती।

वो मन-ही-मन कहती—'तुम्हारे ख़्वाब मुझे हक़ीकत में बहुत तकलीफ देते हैं वसीम।'

'तीन सालों से मेरा बेटा नयी बाइक को तरस रहा है, ना तो उसके पापा को ही फिक्र और ना ही तेरे अब्बा को। इनका इकलौता बेटा है तो तेरे अब्बा का इकलौता दामाद भी तो है। बस चार ठीकरे देकर फारिग हो गये। मेरे बेटे को क्या लेना इन ठीकरों से यह तो तेरे ही काम आएँगे ना। उसे तो उसके काम की ही चीज दिलाते। इस शादी से कुछ तो हासिल होता।'

तखत पर बैठे हुए बड़ी अम्मी ने पान मुँह में डालते हुए मुँह की भाप निकाली जो पौछा लगाती गुड़िया तक पहुँची और उसकी खामोशी में घुलकर सर्द पड़ गयी।

दोपहर वसीम खाना खाने घर पहुँचा। वह खाना लेकर रसोई से निकली ही थी कि थाली बड़ी अम्मी ने ले ली।

'तुम जाओ, अपना काम करो, मैं खिला दूँगी।'

पिछले कुछ दिनों में बड़ी अम्मी और वसीम ज्यादा बातें करने लगे थे और खुश भी रहते। बड़ी अम्मी के चेहरे का तनाव कुछ कम होने लगा था।

इधर अम्मा को मोहल्ले की औरतों ने खबर दी थी कि वसीम अपनी पड़ोसन नुसरत से इश्क लड़ा रहा है, पूरे दिन उसी के घर पड़ा रहता है। अम्मा को ग़ुस्सा सातवें आसमान पर था।

औरतों से उलझ पड़ी, बोला—'तुम्हें कोई काम-वाम नहीं है कि क्या जो मेरे दामाद पर ऐसे इल्जाम लगा रही हो।'

इस पर एक ने कहा—'हमें न बताओ। वो तो है ही आवारा, यह तो तुमसे छिपा नहीं।'

औरतों को भले ही अम्मा ने बातें सुनाकर दफा कर दिया हो लेकिन दिल के किसी कोने में वो भी डर रही थीं।

शाम को अब्बा के सामने अपना डर कह ही दिया।

अब्बा बोले—'वो जैसा भी है हमारे खानदान का बेटा है, ऐसा कदम नहीं उठाएगा। तुम यों ही परेशान होती हो और मुझे भी परेशान करती हो। अपना दिमाग दुरुस्त करो और घर पर ध्यान दो।'

बड़ी अम्मी आज सुबह से ही घर में नहीं थीं।

सुबह नौ बजे ही निकल गयी थीं। बस बुर्का लिया और कुछ कहा नहीं। गुड़िया ने भी हमेशा की तरह नहीं पूछा, लेकिन दोपहर के दो बज रहे हैं और अब तक उनका अता-पता नहीं था।

गुड़िया ने वजू किया और मुसल्ले पर जौहर की नमाज की नीयत बाँध ली। नमाज पढ़कर सलाम फेरा कि दरवाजा बजा। दुआ माँगे बिना ही उसे मुसल्ला उठाना पड़ गया।

'शायद बड़ी अम्मी ही होंगी', यह सोचकर उसने दरवाजे की कुंडी खोली।

सामने वाकई बड़ी अम्मी थीं, उसने सलाम किया और पलट गयी।

लेकिन आगे कदम नहीं बढ़े, चौंककर दरवाजे की ओर पलटी, तो आँखें फटी रह गयी।

उनके पीछे-पीछे वसीम था। गले में गुलाब और मोगरे के फूलों की भरी माला पहने और मुँह में पान चबाते हुए वह लापरवाह हँसी हँस रहा था।

बारी-बारी से सभी घर में आ गये, लेकिन उसके पैर तो जमे हुए थे।

कानों में जैसे बहुत दूर से आवाजें आती सुनाई दे रही थीं। बड़ी अम्मी कमरे से कुरआन शरीफ ले आयी और बुर्के में लदी एक औरत के सिर पर रखकर कहने लगी कि अब घर में कदम रखो।

बुर्के में एक साया आया, पास से गुजरा और उससे आगे कदम बढ़ा दिए।

वो फटी आँखों और जमे कदमों के साथ वहीं खड़ी थी। दरवाजा बन्द हो गया था, लेकिन किसी ने भी उसके जमे कदमों पर सवाल नहीं किया।

वो पीछे रह गयी थी। बहुत पीछे...

बड़ी अम्मी अपनी हथेलियों को उस बुर्के वाली के सिर पर फिरा गोद भरने की दुआएँ दे रही थीं।

वो अपने साथ उसे वसीम के कमरे में ले गयी। पीछे-पीछे वसीम हाथ में एक बैग लिए कमरे में दाखिल हो गया।

गुड़िया अब भी वहीं थी। शायद थम गयी थी। वो और साथ में उसकी साँसे और ज़िन्दगी भी शायद।

दिल के किसी कोने में जो डर समाए वो बैठी थी, वो हक़ीकत बन उसके सामने था।

कमरे के भीतर से हँसी की आवाजें आने लगीं। बड़ी अम्मी ने कमरे के बाहर निकलते हुए दरवाजा बराबर कर दिया।

उसे वहीं खड़ा देख बोली—'अब वहीं खड़े रहोगी या हमें चाय-पानी की भी पूछोगी।'

उनकी आवाज में अब भी तंज था, किसी तरह की कोई फिक्रमन्दी या शर्मिंदगी का नामोनिशान भी उनके चेहरे पर नहीं था।

'अब आ भी जा, ज्यादा सकते में आने की जरूरत नहीं। चल किचन में शाम की तैयार कर। चिकन बिरयानी बना लेना।' यह कहते वे अपने कमरे की ओर चल दीं।

वो वहीं खड़ी थी, जाना भी कहाँ था, उसे याद नहीं। उसके कमरे के दरवाजे भी तो उस पर बन्द थे।

उसके भीतर की आवाजें तेज हो गयीं, उसके कानों को और उसके दिल को वो चीरें जा रही थीं।

खबर अब्बा के घर पहुँची तो कोहराम मच गया, अम्मा ने चिल्ला-चिल्लाकर घर सिर पर उठा लिया था। चारों भाइयों का ग़ुस्सा वसीम की इस हरकत से ज्यादा अब्बा पर था।

अब्बा सुनते ही तखत से चौंककर खड़े हुए तो दूसरे ही पल बैठ गये। शायद गुड़िया का मुस्तकबिल लिखते-लिखते थक गये थे, या फिर उनके अहम ने ही उन्हें तोड़ दिया।

बड़े भाई करीम हाथ बाँधे उनके सामने खड़े थे।

'अब चैन पड़ गया उस आवारा से गुड़िया को बांधकर, अब तो सुकून से हो ना उसका मुस्तकबिल लिखकर।' करीम उनसे कह रहा था।

अब्बा की आँखें फट गयी, जिन बेटों ने कभी सिर उठाकर नहीं देखा, वो आज आँखें दिखा रहे हैं।

'क्या वो बस तुम्हारी बहन है, मेरी कुछ नहीं। मुझे गम नहीं मेरी बेटी का घर बँटने का?'

'गम है तो चलो। चलो और बात करो अपने बड़े भाई से, भतीजे से।' बड़े भाई करीम की आवाज और तेज हो गयी।

इस सख़्ती के बाद अब्बा से वहाँ बैठा ना गया। काँधे पर इमामा डाला और घर से निकल पड़े।

अँधेरा होने लगा था, लेकिन इससे भी गहरा अँधेरा उनके भीतर उतरता जा रहा था। भीतर जैसे खाइयाँ बढ़ती जा रही थीं, जिसमें वो अपनी साँस को डूबता हुआ पा रहे थे। गुड़िया के सामने हमेशा वे एक रहनुमा की तरह पेश आये थे। लेकिन उन्होंने उस पर कितना रहम दिखाया, वे इस अँधेरे में आज उसका जवाब

ढूँढने निकले।

वसीम के घर के दरवाजे के अन्दर कदम रखा कि बड़ी अम्मी ने बड़े ही खुलूस से पेश आते हुए उनका इस्तकबाल किया। तखत पर उनके पास ही बैठ गयी।

बड़े इत्मीनान से पूछा—'कहो आज इधर कैसे आना हुआ।'

'आप जानती हैं, कैसे आना हुआ। मैंने अपनी दुख़्तर इसीलिए आपको नहीं सौंपी कि उसके साथ इस तरह नाइंसाफी की जाये।'

'नाइंसाफी तो मेरे और मेरे बेटे के साथ हो रही थी, उसका क्या। तीन सालों में एक बच्चा भी गोद में ना दे सकी। क्या मेरे बेटे को अपना कुनबा आगे बढ़ाने का हक़ नहीं।'

'और आप ही शरिया के मुताबिक ज़िन्दगी जीने की सलाह देते रहते हैं सभी को, तो हमने भी जो किया शरिया के मुताबिक ही किया है। और फिर कौन-सा हमने आपकी बेटी को तलाक दिलवा दिया कि जवाब माँगने आये हो।'

वो हैरानी से अपनी भाभी के चेहरे के उतार-चढ़ाव देखते रहे। फिर भाभी की आवाज उन्हें बहुत दूर से आती लगी, वे उठ खड़े हुए कि सामने चाय का कप लिए गुड़िया आ गयी।

उसके चेहरे पर कोई भाव नहीं था।

सूती हुई सी आँखें, फक पड़ा चेहरा, आँखों में टिमटिमाने वाली चमक गायब। वो इस घड़ी में भी अब्बा से कोई सवाल नहीं कर रही थी, ना चेहरे पर तल्खी थी और ना ही अब्बा के लिए खुलूस।

वो किसी जहीफ सी औरत-सी उनके सामने खड़ी थी और अब्बा की आँख उसके सामने उठ ही नहीं पा रही थी, उनकी जुबान गुड़िया की आँखों की तरह ही खामोश थी। वो उससे बचकर दरवाजे के बाहर आ गये।

अचानक गुड़िया की सूती हुई आँखें उनके सामने आ गयीं और उन्हें नीचे सीढ़ी नहीं दिखाई दी। और वो गिर पड़े।

ऐसे गिरे कि फिर कभी नहीं उठे।

वो समझ गये कि अब गुड़िया का आगे का मुस्तकबिल उन्हें नहीं लिखना, उसे लिखने का हक़ दूसरे रहनुमा वसीम ने ले लिया है। सो अब उनकी कोई जरूरत नहीं रह गयी।

और उनकी रुह निकल पड़ी।

अम्मा अक्सर गुड़िया से कहा करती—'अल्लाह आसमानों के पार रहता है। वहीं से रहम करता है, वहीं से अपने बन्दों के मुस्तकबिल लिखा करता है।'

अपने अब्बा के जनाजे पर वो नहीं रोई।

उसने मन-ही-मन कहा-

'रहनुमा तो आसमानों पर ही अच्छे लगते हैं, वहाँ से वे बेहतर मुस्तकबिल लिख सकते हैं।'

'हाशिम मियाँ, हाशिम मियाँ... आप यहाँ हैं। मैं कब से आपको आवाजें दे रही हूँ कि आप सुन ही नहीं रहे। किन खयालों में खोये हैं।'

शायदा बेगम ने उनके हाथ में चाय की प्याली थमाते हुए कहा।

हाशिम एक सदी जीकर बाहर आये—उनकी आँखों में नाजमा की ज़िन्दगी की गर्द अब भी जमी थी।

उसे हाथों से साफ किया और बोले—'नहीं, मैं तो यहीं हूँ। बस, नाजमा के बारे में सोच रहा था।'

'बीती बातों को मत सोचा करो। वो अब अकेले खुश हैं ना, तो क्यों पुराने जख्मों को कुरेदते हो।'

ताहा से दो साल बड़ा उनका बेटा रेहान बहुत ही सीधा-सादा सा है। उसने बोलना भी तीन या साढे तीन साल बाद ही सीखा था। वो चुपचाप अपने खिलौनों से खेलता रहता। घर में उसके होने या ना होने का पता ही नहीं चलता और हाशिम मियाँ ठहरे शोर पसन्द। वो चाहते थे कि घर में बच्चों की हँसी या रोने-धोने की आवाजें आती रहनी चाहिए, ताकि घर ज़िन्दगी से भरपूर लगे।

घर में ज़िन्दगी भरने का काम उनके मुताबिक ताहा ने किया।

रेहान को जहाँ अपनी अम्मी के सिवा किसी से चिपटना नहीं भाता, वहीं ताहा हर किसी को अपना बना लेती। हाशिम मियाँ को खुशी तो तब हुई जब दो साल की ताहा ने पहला शब्द अब्बू बोला। उनका दिल उसी दिन से ताहा के लिए और भी मोहब्बत से भर गया।

अब वो अपनी बीवी के सामने अकड़ते और कहा करते—'देखा बच्चे पहले माँ बोलते हैं और मेरी बेटी ने 'अब्बू' कहा। रखो अपना बेटा अपने पास, मेरे लिए तो मेरी बेटी ही काफी है।'

ऐसा नहीं था कि रेहान से उनकी मोहब्बत किसी तरह कम है, लेकिन कहीं ना कहीं उन्हें लगता कि उनका बच्चा माँ से ज्यादा उन्हें मोहब्बत करता है और उनसे मोहब्बत ताहा ही जताती।

जितनी देर हाशिम मियाँ घर में होते, ताहा उन्हीं के इर्द-गिर्द घूमती। कभी उन्हें अपने खिलौने दिखाती, कभी मुँह बनाकर कहती—'देखो मेरी गुल्ली की आँख झपकनी बन्द हो गयी।'

इस पर हाशिम मियाँ बेशुमार प्यार लुटाते हुए उसे नयी गुड़िया दिलाने का

वादा कर लेते।

दोनों की ज़िन्दगी एक-दूसरे के इर्द-गिर्द गुजरने लगी। हाशिम मियाँ को वो कई बार अपनी छोटी बहन-सी दिखाई देती।

दोनों अक्सर रात को चौक में पलंग बिछाकर बैठे रहते।

पूरा घर जहाँ टीवी से चिपका रहता, बेटी अपने अब्बू की गोद में चाँद-सितारों से खेल रही होती।

'अब्बू चाँद क्यों होता है?'

ताहा का मासूम-सा सवाल।

हाशिम मियाँ बोले—'अँधेरों को यह गुमान ना हो जाये कि वे किसी को भी डरा सकते हैं, इसीलिए अल्लाह ने रात की काली चादर पर चाँद की रोशनी बिखेर दी।'

'अच्छा, फिर तो यह बहुत सारे होने थे, सितारे तो इतने और यह एक ही क्यों...' एक सवाल का जवाब मिलते ही ताहा का मन दूसरे सवाल का जवाब जानने को उतावला हो जाता।

हाशिम मियाँ ने प्यार करते हुए कहा—'लाखों सितारे मिलकर जितनी रोशनी नहीं बिखेर सकते, उससे कहीं ज्यादा एक चाँद बिखेर देता है इसीलिए अल्लाह ने एक ही चाँद बनाया है। बिलकुल मेरी ताहा की तरह।'

'अच्छा अब्बू! क्या मैं भी चाँद की तरह चमकती हूँ...' यह कहते हुए ताहा की आँखों में रोशनी भर गयी।

हाशिम मियाँ ने उसे अपने से चिपकाते हुए कहा—'हाँ, मेरा चाँद, तेरी रोशनी तो इतनी है कि तुझे देख हर किसी की आँखें चुंधियाँ जायें।'

इन बातों का मतलब नन्ही ताहा कहाँ समझती, लेकिन आत्मविश्वास से भर जाती।

उनकी गोद में वो अपने हर सवाल का जवाब पाती और अपने वजूद को भी महसूस करती।

ताहा के दो साल बाद छोटी बहन निदा और सबसे छोटा मन्नान।

हाशिम मियाँ बिजली घर में बड़े अफसर थे। सो चार बच्चों की परवरिश में उन्हें दिक्कतें नहीं आयीं। पैसों की कमी नहीं थी और दोनों मियाँ-बीवी पढ़े-लिखे समझदार थे। चारों बच्चों को अँग्रेजी माध्यम के बड़े स्कूल में पढ़ाया। चूँकि अम्मी शायदा बेगम भी सीनियर सैकडंरी पास थीं तो उन्हें पढ़ाई की अहमियत मालूम थी।

पढ़ाई में इतनी कड़ाई के बाद बच्चे भी अपनी-अपनी कक्षा में अव्वल थे।

ऐसा नहीं था कि उसे अपने अब्बू से जीन्स (आनुवंशिक) में समझदारी और बेबाकी से अपनी बात रखने की खासियत ही मिली, इससे भी ज्यादा उसमें पढ़ने

की कुव्वत थी जो उसे अपनी अम्मी से मिली थी। उसकी अम्मी को किताबें पढ़ने का खूब शौक था।

हिन्दी-उर्दू साहित्य से लेकर मनोरंजक किताबें शायदा बेगम की अलमारी में बिखरी रहतीं। वो घर के काम से फारिग हो चुपचाप अपनी किताबें लेकर बैठ जाती। उनके इर्द-गिर्द किताबों की दुनिया देख ताहा को भी इनसे लगाव हो चला था।

छठी कक्षा में आते-आते ताहा स्कूल की वाद-विवाद प्रतियोगिताओं में भाग लेने लगी। उसकी बेबाकी यहाँ बखूबी काम आ रही थी।

सुबह का अखबार उठाते ही हाशिम मियाँ ने सीधा स्थानीय खबरों का पन्ना खोला। उन्हें पता था कि इस बार भी ताहा हाथों में शील्ड लिए अपना बेहतरीन पोज दे रही होगी, इस पन्ने पर।

'सेंट सोफिया स्कूल की ताहा प्रथम... राज्य स्तरीय वाद-विवाद प्रतियोगिता...' पन्ने पर खबर की हैडिंग में ही बेटी का नाम पढ़कर हाशिम मियाँ फूले नहीं समाते। इसके नीचे लगी ताहा की फोटो- अपनी सफेद शर्ट-स्कर्ट और दो चोटियों में वह हाशिम मियाँ को जमाने की सबसे खूबसूरत बच्ची दिखाई देती।

उस दिन के सभी अखबार इकट्ठे करते और फिर आने-जाने वाले रिश्तेदारों को दिखाते। और फिर बड़े ही प्यार से इन अखबारों की कटिंग काटकर एक फाइल में तारीख के साथ दर्ज कर देते। वे देख रहे थे कि दिन-ब-दिन फाइल में कटिंग बढ़ती जा रही है और उनके पन्ने कम पड़ने लगे हैं।

यह देख अम्मा खुश तो हो जाती, लेकिन दिल ही दिल में डर जाती।

'बेटी से इतनी मोहब्बत ठीक नहीं, हाशिम।' वो दिल ही दिल में कहतीं।

हाशिम मियाँ भले ही अपने अब्बा से बिलकुल उलट थे, लेकिन फिर भी अम्मा को कहीं ना कहीं उनका अक्स दिखाई दे जाता।

उन्हें लगता कि एक और रहनुमा खड़ा हो रहा है। वे देखा करतीं कि हाशिम मियाँ उसके मुस्तकबिल को बेहतरीन से बेहतरीन बनाने की बातें किया करते।

और वे डर जातीं, अल्लाह से दुआ करतीं कि तू रहम करना।

एक रोज ताहा के मामू आये, उदयपुर से। आते में बच्चों के खेलने के लिए रंग-बिरंगी चिड़ियाएँ ले आये, एक खूबसूरत से पिंजरे में।

उन्होंने याद दिलाया कि मन्नान जब भी उनके घर आता है, छत पर रखे कबूतरों-चिड़ियों से भरे पिंजरों को देखकर मचल उठता और अपने लिए भी चिड़ियाएँ लेने की जिद करता।

सो आज मामू ने उसकी हसरत पूरी कर दी।

मन्नान ने खुशी-खुशी पिंजरा लिया और सीढ़ियाँ चढ़ते हुए ऊपर बालकनी में पहुँच गया। वहाँ एक टूटी टेबल लगा, पिंजरा उस पर रख दिया।

पीछे-पीछे ताहा भी आ गयी।

'यहाँ क्यों रखा?'

'मामू के घर भी बालकनी में ही रखा है ना बड़ा पिंजरा, बहुत अच्छा लगता है। देख अभी तो इसमें दो ही चिड़ियँ हैं, जब ये बच्चे देंगी तो खूब सारी चिड़ियाँ हो जाएँगी और हम भी यहाँ बड़ा पिंजरा लगाएँगे।' मन्नान ने उत्साहित होते हुए कहा।

ताहा ने मुँह बिचका दिया।

पिंजरे के पास जाकर चिड़ियों से बात करने लगी।

पूछा—'कैसा लग रहा है अन्दर रहक़र?'

'क्या पागलों-सी बातें कर रही है, वो कौन-सा तुझे सुन रही हैं कि जवाब देंगी।'

मन्नान ने उसके सिर पर मारा।

'ये बोल नहीं सकती तभी तो इनको पिंजरों में बन्द कर दिया जाता है। बोलने लगे तो इनका दुख तो पता चले ना।'

'अरे, पागल ये इंसान थोड़े ही हैं कि इन्हें खिलौनें न मिलने का दुख हो।' सीढ़ियों से उतरते हुए वह अपनी बहन को समझा रहा था।

'खिलौने नहीं, इन्हें तो खुला आसमान चाहिए।'

'नहीं...बस खाने को चाहिए, वो तो पिंजरे में भी मिल जायेगा।'

'खाना-पीना ही ज़िन्दगी नहीं होती, ज़िन्दगी तो अपनी मर्जी से जी जाती है।' ताहा ने जवाब दिया।

रात को पलंग पर अब्बू के पास बैठी वो कुछ उदास लग रही थी।

अब्बू ने बालों पर हाथ फिराते हुए कहा—'क्या बात है चाँद बेटा, क्यों उदास है?'

'पापा आसमान कितना अच्छा लगता है ना, इतना बड़ा, बिना किसी दीवार के दूर तक फैला हुआ। इस आसमान पर पंख फैलाकर उड़ने को मिले तो कौन किसी दीवारों में बँधना चाहेगा, नहीं ना।'

'हाँ, बेटा सही कहा।'

'फिर तो बस अपना पेट भरने के लिए भी बँधना नहीं भाएगा ना अब्बू।'

'हाँ। जिन्हें उड़ने के लिए पंख मिले हों, वो कब बँधे रहना पसन्द करते हैं।

आसमान तो उनकी ज़िन्दगी की तरह होता है। जब तक आसमान में हैं, तब तक ही ज़िन्दा हैं।'

'तो फिर हम इन चिड़ियाओं को बाँधकर क्यों रख रहे हैं।' ताहा का इशारा किस ओर है, वे समझ गये।

'वाकई यह गलत है। अभी सो जाओ कल हम चिड़ियाओं को उनके आसमान में पहुँचा देंगे। ठीक है न?'

सुबह-सुबह स्कूल की तैयारियों में वो चिड़िया के बारे में बिलकुल भूल गयी। उस पर आज की निबन्ध प्रतियोगिता का तनाव सवार रहा। वो अभी भी 'चाँद पर दुनिया हो या ना हो' विषय पर रफ कॉपी में लिखे निबन्ध को रट रही थी। उसे इस बार भी फर्स्ट जो आना था।

दोपहर में वो बैग पीछे लटकाए स्कूल ऑटो से उतरी तो हाथ में सर्टिफिकेट था। वो खुशी-खुशी घर में दाखिल हुई और सीधी अम्मा के पास गयी। 'देखो, आज भी जीत गयी।'

'अरे वाह, मेरे बच्चे, तू तो बड़ी होशियार है। इसमें तेरा नाम भी कितने बड़े-बड़े हर्फों में लिखा है।' अम्मा को पढ़ना तो नहीं आता, लेकिन वो अपनी पोती का पूरा मन रखती।

उनकी तारीफ के बाद उसने सर्टिफिकेट अम्मी के आगे कर दिया था, उन्होंने उसकी पेशानी को चूम लिया।

अम्मा को यह बहुत अच्छा लगता कि शायदा बेगम अपनी बेटी को हौसला देती रहती, उनकी तरह नहीं कि बेटी को बस घर के काम में लगाए रखा। उसके मन की कभी ना जानी, बस अपने मन के काम कराती रही।

कितना भी भूलने की कोशिश करे, लेकिन उनसे उनकी गलतियाँ नहीं भूली थीं, वो आज भी नाजमा यानी अपनी गुड़िया के लिए गुनाहगार की तरह मन-ही-मन तौबा करती।

ताहा ने अपना होमवर्क निपटाया और अब्बू के आने का इन्तजार करने लगी।

वो जानती थी कि अब्बू को साथ लिए बिना पिंजरा खोल दिया तो मन्नान से झगड़ा हो जायेगा।

हाशिम मियाँ ने घर आते ही कपड़े बदले और सीढ़ियों का रुख किया।

ताहा उनके पीछे चल दी, मन्नान भी साथ हो लिया। उन्होंने मन्नान से कहा—'बेटा देखना, यह दोनों उदास दिखाई दे रही हैं ना।'

'हाँ, अब्बू यह तो उदास हैं, अपने चौक में जो चिड़ियाएँ आती हैं वो तो बोलती ही रहती हैं।'

अब्बू बोले—'हाँ, वो चिड़िया अपनी मनमर्जी से घूमती हैं और चहक़ती

रहती हैं, लेकिन पिंजरा दे दो तो उनका चहक़ना बन्द हो जाता है। जिनके लिए अल्लाह ने आसमान तय किया है, वो वहीं अच्छे लगते हैं। देखना तुम्हें भी इन्हें उड़ते देख ख़ुशी होगी।'

यह कहते उन्होंने पिंजरे की कील निकाल दी। और ताहा ने बढ़कर उसके नन्हे दरवाजे से पंछियों को आजाद कर दिया।

ताहा को उनका बन्द रहना ठीक वैसे ही अच्छा नहीं लगा, जैसे उसके अब्बू को उसका चुप रहना नहीं भाता। उसने उन्हें उड़ने को आसमान दे दिया था, ठीक वैसे ही जैसे अब्बू ने उसे ज़िन्दगी जीने के लिए खूब आजादी दी। वो भी यही महसूस करती कि उसे पंख लगे हैं और वो अपने अब्बू के साथ-साथ ज़िन्दगी के आसमान पर उड़ती चली जा रही है। जहाँ किसी दीवार से कोई बन्दिश नहीं, पंखों को रोकने का कोई पिंजरा नहीं।

वो अल्लाह का शुक्र करती कि उसके लिए उसने बेहतरीन वालिद चुना है।

वो उसकी रहनुमाई से खूब मुतमईन थी।

'हाशिम बेटा, ताहा लम्बी हुई जा रही है और स्कर्ट छोटी। अच्छी नहीं लगती ना।' अम्मा ने कहा।

ताहा बीच मे बोली—'अम्मा आपको पता नहीं हमारे स्कूल में यही ड्रेस चलती है। घुटनों से नीचे स्कर्ट स्मार्ट नहीं लगते।' उसने उन्हें समझाया।

'ये 'समार्ट' मुझे न समझा, इससे ज्यादा जरूरी तमीज होती है।' अम्मा ने आगे कहा।

हाशिम मियाँ ने अम्मा से कहा—'अब तो 21वीं सदी में जी लो अम्मा।'

'देखो न, इसकी स्कूल में करीब एक हजार लड़कियाँ होंगी, सभी तो यही पहनकर आती हैं, तो क्या सभी और उनके घरवाले बदतमीज हो गये। वैसे भी कपड़ों से लोगों का मन और तहजीब नहीं आँकी जा सकती।'

अम्मा फिर चुप हो बैठी रही, अपनी बूढ़ी आँखें बच्चों की तरह टिमटिमाने लगीं। उन्हें पता था कि कुछ भी कहो, हाशिम कोई ना कोई बड़ा तर्क देकर चुप करा ही देगा।

ताहा अपना होमवर्क कर शाम को हमेशा की तरह छत पर आ गयी। वहाँ पहले से ही करीमा उसका इन्तजार कर रही थी।

करीमा उसकी बचपन की सहेली, पड़ोस में ही रहती। दोनों घर की एक ही दीवार थी। छत पर बस छोटी-सी दीवार दोनों घर के बीच खींची हुई थी।

दोनों इसी बीच की दीवार पर बैठी रहती और दिनभर की बातें किया करती।

हालाँकि ताहा उसके साथ कभी स्कूल नहीं गयी, फिर भी वो अच्छी

सहेलियाँ थीं। दोनों की परवरिश और रहन-सहन में भी बहुत फासला था, लेकिन यह फासला उनकी दोस्ती के बीच नहीं आया कभी।

करीमा ने घाटगेट के ही एक मदरसे से पाँचवीं तक तालीम ली। इसके बाद उसे नहीं पढ़ाया गया। वो बड़ी हो गयी है, यह कहक़र घर से बाहर जाने की इजाजत नहीं मिलती।

वहीं ताहा शुरू से ही इंग्लिश मीडियम में पढ़ी, अब वह दसवीं में थी। एक फर्क यह भी था कि ताहा, जब चाहे अपनी फ्रॉक या जीन्स में घर से बाहर निकल सकती, लेकिन करीमा बस ख़ास मौकों पर और बुर्का पहनकर ही बाहर निकलती।

करीमा के पापा को उसका ताहा के साथ बातें करना बिलकुल पसन्द नहीं आता, उन्हें लगता था कि बेटी बिगड़ जायेगी, लेकिन करीमा शाम पाँच बजते ही नजरें बचाकर छत पर पहुँच जाया करती।

ताहा कहती—'तुम्हारा दम नहीं घुटता करीमा, अन्दर बैठे-बैठे। मेरी तो एक दिन की स्कूल की छुट्टी हो जाये तो ही घर में मन नहीं लगता।'

करीमा हँस देती—'कहती यह तो मेरी आदत हो गयी, मुझे बुरा नहीं लगता।'

'हर किसी को तेरे अब्बू जैसे वालिद थोड़े ही मिलते हैं कि झट से चॉकलेट की तरह आजादी हाथ में थमा दें।'

ताहा को यह बात फख्र से भर देती। वो करीमा को अपने स्कूल की बातें बताया करती। अपनी स्कूल की सहेलियों की भी। और करीमा उसे कौन-सा सालन कैसे बनाया यह बताती, किस खाने पर तारीफ मिली, किसमें मसाले कम रह गये, यही शामिल होता उसकी बातों में। दोनों की बातें उनकी फितरत से जुदा थीं।

करीमा कभी इतने बड़े स्कूल नहीं गयी, तो ताहा ने कभी कोई सालन बनाना नहीं सीखा। फिर भी वो एक-दूसरे की बातों को गौर से सुना करतीं।

ताहा अक्सर हाशिम मियाँ से करीमा की बात किया करती, वो यही चाहती कि करीमा भी स्कूल जाये और अपनी पसन्द के कपड़े पहने।

हाशिम मियाँ उसे समझाते कि उनके घर के मसले उन पर ही छोड़ दें, हो सकता है कि करीमा के अब्बू ने उसके लिए कुछ अच्छा सोच रखा हो।

'आजादी देने से अच्छा कुछ और नहीं हो सकता है अब्बू, आप भी जानते हैं। वो भी तो उनके बेटों की तरह ही इंसान हैं, बेटे गलियों में फिरते रहे और वो स्कूल भी ना जा सके, यह कोई बात हुई भला?'

बेटी की इस बहस पर वो बस हँस दिया करते। वो देखते थे कि उसके मन में हर औरत को खुलकर जिए जाने का हक़ देने की जिद सवार थी।

कभी-कभी वे डर भी जाया करते कि कहीं वह करीमा के पापा या भाई से

कुछ कह न दे, क्योंकि बेबाकी उसे बचपन से ही मिली थी, या शायद खुद उन्होंने उसे दी थी।

यही देख उन्हें लगने लगा कि घाटगेट के माहौल और उनके घर के माहौल में फर्क-सा आ गया।

चारों बच्चों को जो खुलापन और शिक्षा दिलाई है, वो वहाँ के लोगों को रास नहीं आती। ना ही उनके बच्चों को वहाँ के लोगों की तंगदिमागी पसन्द आती। आये दिन ताहा और छोटा मन्नान किसी-ना-किसी से भिड़ जाते।

ऐसे ही करीमा की शादी में भी ताहा ने हंगामा-सा खड़ा कर दिया। तो हाशिम मियाँ को खानदान वालों से काफी भला-बुरा सुनने को मिला।

करीमा की शादी उसके 18 की होते-होते तय कर दी गयी। इस पर भी ताहा करीमा से नाराज थी कि उसने मनाही क्यों नहीं की। फिर निकाह में शरीक हुई तो वहाँ भी अपनी नाराजगी दिखा आयी।

वो करीमा की खुशी में जैसे-तैसे खुश होने की कोशिश कर रही थी। पास ही के एक मदरसे में उसका निकाह था। वो निकाह के वक़्त करीमा के पास ही बैठी रही।

निकाह होते ही बाकी सालियों के साथ वो भी अपने दूल्हा भाई से हँसी-मजाक करने पहुँच गयी। लेकिन दूल्हे को देखते ही उसकी पेशानी में सिलवटें पड़ गयीं।

लम्बी-सी दाढ़ी और उम्र में फर्क कोई तीस का रहा होगा, करीमा का दूल्हा। सिर पर टोपी लगाए वो मुँह में पान चबा रहा था। उसके दोस्त भी उसी के जैसे लग रहे थे।

उसे एकबारगी विश्वास नहीं हुआ कि करीमा का दूल्हा है, लेकिन जैसे ही करीमा की बहन ने उसे दूल्हा भाई कहा, वो वहीं बरस पड़ी।

'तुम हो दूल्हा, यहाँ शादी करने आये हो या नातख्वानी करने, आज के दिन तो हुलिया सुधार लिया होता तो करीमा के साथ खड़े होते अच्छे लगते।'

ताहा के यह कहते ही मदरसे में हंगामा बरपा गया। दूल्हे ने पीक पान समेत निगल ली। साथ खड़ी दुल्हन की बहनें उससे दो-चार होने को तैयार हो गयीं।

कहा—'तू बड़ी पढ़-लिखकर हीरोइन हो रही है हमारी जान को। यह इज्जत दी जाती है तुम्हारे यहाँ दूल्हे और बारातियों को।' देखते-ही-देखते दूल्हे वालों का परिवार वहाँ इकट्ठा हो गया।

ताहा की अम्मी को पता चला तो उन्होंने उसे भीड़ में से निकाल घर का रास्ता दिखाया और खुद पहुँची दूल्हे के घर की औरतों के पास माफी माँगने।

ताहा के अब्बू को भी उन लोगों की काफी मन्नतें करनी पड़ीं।

करीमा के पापा बोले—'आप लोग अपने घर में ही रहा करें, वहीं अच्छे लगते हैं। हमारी शादी बिगाड़ने ना आया करें।'

यह बात हाशिम मियाँ को भी चुभ गयी। घर आकर बरस पड़े।

'क्या जरूरत थी वहाँ अपनी मर्जी झाड़ने की। जानती हैं न इन लोगों के दिमाग को। क्या आखिर निकला इन बातों का।'

'करीमा की निकाह जिससे होनी हो, हो, तुझे क्या था।' अब्बू चिल्लाए जा रहे थे।

'अब्बू, लेकिन आप देखते कैसी बेमेल-सी जोड़ी है। उसके पापा-अम्मी को तो सोचना चाहिए ना।'

'तुझे उनसे क्या, तेरे अब्बू-अम्मी तो तेरा भला सोच रहे हैं न! इतना ही काफी है।'

'नहीं, मेरे लिए इतना काफी नहीं है, मेरे साथ दूसरी लड़कियों को भी पूरी आजादी मिलनी चाहिए। अपनी ज़िन्दगी अपनी शर्तो पर जीने की। कम-से-कम अपनी शादी में तो वे हाँ या ना कहने की हक़दार हों।'

'मैं अपनी आँखों को मूँदे नहीं रह सकती।' हाशिम मियाँ लाजवाब थे अपनी ही बेटी के सामने।

उसकी बेबाकी गलत नहीं थी, लेकिन उनके रिश्तेदार और उनका तबका ऐसी बेबाकी का आदी नहीं था। अब उन्हें उनके बीच रहना मुश्किल लगने लगा।

ताहा गलत नहीं थी, तो वे उसे रोक भी नहीं सकते थे, लेकिन लोगों का उठते-बैठते उन्हें नीचा दिखाना उनसे बर्दाश्त के बाहर होने लगा।

यही नहीं उनकी बच्चों को दी तहजीब पर भी सवाल उठने लगे, लेकिन इन लोगों को जवाब देने का कोई फायदा नहीं दिखता, इसीलिए वे बहस भी नहीं किया करते।

वैसे भी यह इलाका आम जयपुर से कुछ अलग-सा रहा है। राजस्थान का मेट्रो सिटी जयपुर में ज़िन्दगी लगातार सीढ़ियाँ चढ़ रही हैं।

यहाँ के पुराने घर मल्टीस्टोरी फ्लैट में तब्दील हो गये। शॉपिंग मॉल की तो गिनती ही नहीं रही। मल्टीप्लेक्स से लेकर मनोरंजन की सारी इंटरनेशनल चैन यहाँ मौजूद है। लोग चाय की थड़ी छोड़ कॉफी शॉप पर मिला करते।

पढ़ाई का तो यह हाल कि देशभर के स्टूडेंट यहाँ पढ़ने को आते। आधुनिक युग के बेहतरीन और खूबसूरत शहरों में गिना जाता है जयपुर। यहाँ हर बड़ी से बड़ी फिल्म की स्टारकास्ट आया करती। कॉलेजों में पूरा आधुनिक माहौल देखने को मिलता जो यहाँ के लोगों के लिए अजीबोगरीब नहीं होता।

लेकिन उस इलाके के लिए, जहाँ हाशिम मियाँ अपने परिवार के साथ रह रहे हैं, यह माहौल वाकई अजीबोगरीब है।

यह बहुत बड़ा इलाका है। करीब दस तो मदरसे ही होंगे, लेकिन यहाँ भी ज्यादा-से-ज्यादा बस दसवीं तक की पढ़ाई होती। एक ट्रस्ट का बड़ा मदरसा भी है, जहाँ लड़कियों के लिए कॉलेज भी चलता, लेकिन वहाँ भी वहीं लड़कियाँ जा पातीं जिनके माँ-बाप पढ़ाई की अहमियत समझ पाते।

यहाँ कुछ तो पढ़ाई है, लेकिन माहौल वैसा ही घरों जैसा, लड़कियों के बिना सिर ढके आने पर पाबन्दी है, कपड़ों पर तो है ही।

लड़कों के लिए कुछ ख़ास यहाँ बड़ा कॉलेज नहीं, इसीलिए ज्यादातर दसवीं या बारहवीं तक ही पढ़े। इनकी संख्या भी कम है।

वे पढ़ाई को तवज्जोह इसलिए भी नहीं देते कि उनके पास कमाई के लिए पुश्तैनी काम जो हुआ करता है। यहाँ के अधिकतर लोग नगीना घिसाई का काम किया करते। औरतें-बच्चे सभी इसी काम से जुड़े रहते तो पूरा परिवार मिलकर अच्छा-ख़ासा कमा लेता। वहीं कुछ के छोटे-छोटे ढाबे हैं, नॉनवेज और तन्दूर के। इसकी कमाई भी यहाँ काफी है।

नगीने घिसकर थक जाया करने वाली औरतों के भरोसे ही यह ढाबे चला करते। यही नहीं बाहरी इलाकों के लोग भी नॉनवेज खाने यहीं आया करते तो कुछ दूर-दूर से यहाँ से खाना पैक करवा ले जाते।

कमाई का जरिया मिल जाने से भी पढ़ाई को यहाँ उतनी अहमियत नहीं मिल पायी, जितना इस इलाके के बाहर के लोग देते।

हाशिम मियाँ के बच्चों की पढ़ाई को भी वे लोग इतनी ही तवज्जोह दे पाते। हाशिम मियाँ को तवज्जोह तो नहीं चाहिये, लेकिन वे अब इस माहौल और घर के माहौल में तालमेल नहीं बैठा पा रहे थे। ख़ासकर ताहा के तेवर देख नहीं लग रहा कि अब उन्हें यहाँ रहना चाहिए।

यही सोचते-सोचते वे देर रात तक करवटें बदलते रहे। आखिर तो शायदा बेगम ने पूछ ही लिया—'क्या बात है, बड़े परेशान दिख रहे हो।'

'अरे, तुम अभी तक नहीं सोई', उन्होंने रुख बीवी की ओर करते हुए कहा।

'देख रही हूँ कि शाम से ही आप खोए-खोए से हैं। खाना भी ठीक से नहीं खाया।' बेगम ने फिर सवाल किया।

'हाँ, परेशान तो हूँ। घर और बाहर के बिगड़ते माहौल से।' उन्होंने जवाब

दिया।

'तो क्या अब तक भी ताहा के बखेड़े से परेशान हैं।' बच्ची है अभी यह सब नहीं समझती।

'नहीं, नहीं मुझे ताहा से शिकायत नहीं। वो तो ठीक ही कह रही थी, लेकिन जिनके सामने कह रही थी, वो ठीक नहीं।

यहाँ कौन समझेगा उसकी बातों को। वो तो समझती है कि जितनी वो हर काम में अपनी मर्जी कर सकती है, वैसे ही दुनिया की हर बच्ची करे तो यह मुमकिन नहीं।'

'यह तो है, लेकिन हम क्या कर सकते हैं?' शायदा बेगम ने फिर सवाल किया।

'मैं सोच रहा हूँ कि घर बदल लें। किसी अच्छी कॉलोनी में चलते हैं, जहाँ बच्चों को इनके मन का माहौल मिले।'

'अब देखो ना आये दिन मन्नान भी किसी ना किसी से भिड़ आता है।'

'लेकिन यह इतना आसान नहीं है। हम अपने घर और पूरे खानदान को छोड़ अकेले कैसे रह सकेंगे। और तो और अम्मा राजी नहीं होंगी।'

'हो जाएँगी, कल ही करीम भाई से बात करता हूँ, वैसे भी उन्हें उनके हिस्से में बड़ा परिवार चलाने में मुश्किल होती है। वो कई बार इस हिस्से को भी लेने का मन भी जाहिर कर चुके हैं।'

'लेकिन जब इस इलाके को छोड़ने की कहोगे तो वे भी ग़ुस्सा ही होंगे।' शायदा बेगम ने कहा।

'नहीं वो ऐसे नहीं हैं, बल्कि जब कहूँगा कि ताहा के लिए यह सब कर रहा हूँ तो वे और भी खुश होंगे। वो तो नाजमा के वक़्त भी अब्बा से यही कहते रहे कि यहाँ के लोगों और रिश्तेदारों की बातों में ना आयें, लेकिन वो नहीं माने।

तभी से उनको भी रिश्तेदारों में ख़ास दिलचस्पी नहीं रही, लेकिन यही पले-बढ़े ना इसीलिए यहाँ से लगाव है और उम्र यहीं गुजार दी।'

सुबह उठते ही हाशिम मियाँ नाश्ता कर बड़े भाई से बात करने निकल गये।

भाई ने सारी बात सुन कहा—'इन लोगों से डर कर तू ही चला जायेगा, तो इनको सुधारेगा कौन। हो सकता है कि तेरे घर का माहौल देख एक-आधे रिश्तेदार का दिमाग ही बदले और वो बेटियों का मुस्तकबिल घर के भीतर ही ना दबाकर रखें।'

'नहीं भाई, ऐसा हो के ना हो, लेकिन झगड़े जरूर हो जाएँगे। इससे बच्चों की पढ़ाई पर भी असर पड़ता है। अच्छा होगा कि हम चले ही जाएँ।'

'मुझे तो कोई परेशानी नहीं, लेकिन अम्मा को समझा लेना। वो चाहे तो मेरे पास रहे जाएँ, यहाँ से जाना उनके लिए आसान नहीं होगा।' बड़े भाई ने कहा।

'हाँ, लेकिन कैसे भी मैं अम्मा को साथ लेकर ही जाऊँगा, अब उनकी आदत हो गयी है। उनके बिना मन नहीं लगेगा।' हाशिम मियाँ ने कहा।

'यह तो है ही, मन तो हमारा भी नहीं लगता अम्मा के बिना, लेकिन वे आज भी मेरे साथ नहीं रहना चाहतीं। अब्बा का कातिल मान बैठी हैं वो। जैसे मेरी ही गलती थी।'

'भाई गलती किसी की नहीं है, यह तो अल्लाह की मरजी थी। आप इस बात को दिल से निकाल दो।'

'खैर, छोड़ो। तो फिर क्या सोचा है? कहाँ लेने वाले हो नया बंगला! हमें भी बुलाओगे कि नहीं।' भाई ने चुटकी ली।

'मेरे एईएन साहब प्रतापनगर रहते हैं, कह रहे थे कि काफी सुकून है। घर हालाँकि बहुत नहीं हैं वहाँ, लेकिन लोग वहाँ रहना पसन्द कर रहे हैं।

सोच रहा हूँ वहीं एक प्लॉट ले लूँ और घर बनवा लूँ। वहाँ अभी बने बनाए घर बेचने का चलन नहीं है। वैसे भी शहर में तो घर मिलना ही मुश्किल है। वहीं ठीक रहेगा।'

'देख ले, लेकिन एक बार फिर सोच लेना, एक गाँव जितना दूर रहेगा, आने-जाने में दिक्कतें ना हों।' बड़े भाई ने कहा।

'कैसी दिक्कतें, वहाँ से जहाँ के लिए चाहो बस आती है। बॉस की बीवी तो शहर नाप आती है बसों में।'

दोनों एक साथ हँस पड़े।

अपनी चाय खत्म कर हाशिम मियाँ घर की ओर निकल पड़े।

शायदा बेगम कपड़े समेटते अपने ही खयालों में खोयी थी कि अलमारी से एक कार्ड निकल उनके कदमों में गिर गया।

यह तो बर्थडे कार्ड है, शायद ताहा को किसी ने दिया होगा, अभी पिछले दिनों ही तो उसकी सालगिरह थी। यह सोचते हुए उन्होंने कार्ड वापस अलमारी के कोने में रख दिया और अलमारी बन्द कर दी।

जाने क्या सूझा कि उन्होंने फिर अलमारी खोली और कार्ड निकाल लिया।
'माय स्वीट हार्ट ताहू, विश यू वेरी हैप्पी बर्थडे, योअर्स अ विल बी योअर्स ....'

उन्होंने फिर दोहराया, बार-बार पढ़ा लेकिन पाया कि कार्ड भेजने वाले ने नीचे नाम नहीं लिख रखा है।

फिर मन को विश्वास दिलाया कि 'मैं यों ही परेशान हो रही हूँ, उसकी तो

सहेलियाँ ऐसे ही लिखती हैं। बर्थडे गिफ्ट लाती हैं, तो भी कभी 'स्वीट हार्ट' तो कभी 'लव यू' लिखती ही रहती हैं।

'मैसेज भी तो ऐसे-ऐसे ही करती हैं कि पढ़कर शर्म आने लगे। कमबख्त, हैं भी तो पूरी अँग्रेज।

इनमें से ही किसी ने दे दिया होगा, या हो सकता है ताहा की टाँग खिंचाई के लिए नाम नहीं लिखा हो और उसे छेड़ रही हों।'

लेकिन दिल के किसी कोने में एक डर या शक-सा भी उन्हें चुभने लगा 'बेटी की माँ कितनी भी मॉडर्न हो जाये, उसके जवान होते दिनों में यह शक़ या डर आधुनिकता की चादर ओढ़ नहीं छिप सकता।' वही डर उन्हें भी घेरे जा रहा था।

'पता नहीं कौन होगा, कैसा होगा।'

'वो पागल लड़की समझती है कि वो पढ़-लिख गयी तो सब समझने लगी है, लेकिन लोगों को समझने की कुव्वत उसमें नहीं। वो तो बस अच्छे से झगड़ना ही जानती है। वैसे इतनी झगड़ालू लड़की को कौन-सा लड़का पसन्द करेगा।'

'लड़कों को तो उनकी बातें मानने वाली और उनके अहम को और बड़ा करने वाली लड़कियाँ ही पसन्द आती हैं।'

'ताहा तो ठहरी अहम तोड़ने वाली।' यह सोच वो खुद ही हँस दी।

फिर अपने आपको समझाया और किताब लेकर बिस्तर पर बैठ गयीं। यह उनका दिन का पसन्दीदा काम था। घर में अकेले रहना और साहित्य पढ़ना उन्हें खूब भाता।

ताहा भी उनकी पसन्द का ध्यान रखती। स्कूल की लाइब्रेरी के हिन्दी सेक्शन में उसे अमृता प्रीतम, शरतचन्द्र के साहित्य दिख जाते तो वह इश्यू करवा लेती और घर लाकर अम्मी को थमा देती।

अम्मी का एक उपन्यास खत्म होने से पहले ही वो दूसरी किताब इश्यू करा लाती।

कभी-कभार खुद भी पढ़ लेती, हालाँकि लम्बे उपन्यास पढ़ने की कुव्वत उसमें नहीं थी, लेकिन कुछ पहले तो कुछ आखिर का पढ़कर क्लाइमेक्स तक पहुँच जाती।

वो आम लड़कियों-सी नहीं थी, उसे सजने-सँवरने का कोई ख़ास शौक भी नहीं था।

शादी-ब्याह में भी वो इस तरह जाती जैसे बाज़ार जा रही हो। जो हाथ में आया वो ही पहन लेती।

अब्बू इस आदत पर हँस दिया करते, कहते—अच्छा है ना मेरा खर्च बच जाता है।

12वीं का रिजल्ट कल सुबह आना है और ताहा अभी से परेशान दिखाई दे रही थी। चौक में बैठी चाँद को देख रही थी कि अब्बू आ गये।

'क्या हुआ—आज खाना भी ढंग से नहीं खाया।'

'अब्बू टेंशन तो है ही ना, परसेंटेज जरा भी कम रहे तो कॉलेज में एडमिशन नहीं मिलेगा।'

'तो क्या हुआ, आजकल इतने प्राइवेट कॉलेज हैं, डोनेशन दो और एडमिशन लो। इसमें परेशान होने की जरूरत नहीं, मैं सब देख लूँगा।' हाशिम मियाँ ने बेटी का हौसला बढ़ाया।

'नहीं मुझे यूनिवर्सिटी में ही एडमिशन चाहिए। और फिर महारानी कॉलेज से पास आउट कहलाने की बात ही अलग है।'

'हमारी स्कूल की लड़कियाँ भी सपने देखती हैं महारानी कॉलेज के। प्राइवेट कॉलेज में तो किसी को भी एडमिशन मिल जाता है, लेकिन यूनिवर्सिटी में तो जो क्रीमीलेयर हैं, उन्हें ही लिया जाता है। फिर भी देखो कितना फख्र होता है।' ताहा ने अपने मन की बात कही।

'हाँ, तो क्या हुआ। तुम्हारा परसेंटेज तो हमेशा 85 के पार ही रहा है।

इतना कम होता है क्या, जो एडमिशन ना मिले।' हाशिम मियाँ ने बेटी की पीठ थपथपाते हुए कहा।

'इससे कुछ नहीं होता आजकल। देखते नहीं हर साल मैरिट 90 के पार ही जाती है एडमिशन के लिए। और इस बार मेरा बोर्ड है, क्या पता 85 से भी कम परसेंटेज मिले तो मेरा तो सपना, सपना ही रह जायेगा।'

'नहीं, ऐसा कभी नहीं हो सकता कि ताहा किसी उम्मीद पर खरा ना उतरे।' अब्बू ने कहा।

मन्नान जीभ चिढ़ाकर बोला—'यह तो कल सुबह ही पता चलेगा।'

'और हाँ, ताहा बाज़ी को यूनिवर्सिटी में एडमिशन नहीं मिला तो, इन्हें अच्छा सालन बनाना जरूर सिखवा देना।' इस बार वो अपनी अम्मी की ओर रुख कर बोला।

पीछे से अम्मी ने एक चपत लगाई, कहा—'ऐसा नहीं होगा। मिल जायेगा एडमिशन।'

इधर ताहा नाराज़ हो गयी—'तुम्हें तो बस अच्छा सालन बनानेवाली लड़कियाँ ही पसन्द आती हैं घर में। अच्छा सालन तो कल्लू होटल वाला भी बना लेता है तो जाकर उसी के भाई क्यों नहीं बन जाते?'

ताहा की इस बात पर सभी हँस पड़े और मन्नान को छेड़ने लगे—'चल कल

से उसे ही बाज़ी बुलाना।' मन्नान ने अपनी बड़ी-सी आँखें तरेर लीं।

सुबह पाँच बजे ही उसकी आँख खुल गयी तो फिर नींद नहीं आयी। वो तो दरवाजे पर अखबार वाले की दस्तक सुनने को बेचैन हो रही थी।

बार-बार अल्लाह से दुआ किए जा रही थी कि वो अच्छे नम्बरों से पास हो जाये। लगे हाथों चार दरवाजा की दरगाह जियाउद्दीन साहब में चादर चढ़ाने की दुआ भी उसने बोल दी। मॉडर्न भले ही हो, लेकिन उसका अल्लाह और उसके वलियों में गहरा विश्वास है। तभी तो जो नमाज का वक़्त हाथ आता, वो नमाज अदा कर, अल्लाह का शुक्र अदा करती।

उसने अम्मी की ओर करवट ली तो देखा, वो भी जाग रही थीं। अम्मी आज जल्दी उठना है क्या?

'नहीं, वैसे ही नींद नहीं आ रही अब।' दोनों ने उठकर नमाज पढ़ी और फिर ताहा ने गैस पर चाय चढ़ा दी।

चाय की प्याली अम्मी को पकड़ाते हुए बोली—'अम्मी वैसे भी अखबार का इन्तजार करने का मतलब नहीं। उसमें तो बस डिविजन ही आती है। परसेंटेज के लिए तो अभी मार्क्सशीट आने का इन्तजार करना होगा न।'

'फिर क्यों आज परेशान हो रही हो। ठीक से सोई भी नहीं, चलो ऐसा करो अब सो जाओ, आराम से उठना।'

'नहीं, अब मन नहीं है।'

'अम्मी, मैं सोच रही हूँ कि इस बार ग्रेजुएशन में आर्ट्स के सब्जेक्ट ले लूँ।'

'अरे, यह क्या अभी तो तुम साइन्स स्ट्रीम में हो और फिर आर्ट्स... यह क्या सूझी।'

'यही तो। हैरतअंगेज काम करना मुझे कितना पसन्द है, आप जानती ही हो।'

'इस तरह कारनामे दिखाते-दिखाते तुम्हारी पढ़ाई पर भी असर हो सकता है, मेरा मतलब है तुम्हारे मार्क्स पर।'

'नहीं, देखना उसमें भी मैं अच्छे मार्क्स ही लाया करूँगी।' ताहा ने अपने पर यकीन जताते हुए कहा।

'लेकिन इससे हासिल क्या होगा, जरा मैं भी तो सुनूँ। साइन्स में इतना अच्छा करने के बाद बी.एस.सी करोगी तो आगे तुम्हारे काम आयेगी। तुम एमएससी कर, लेक्चररशिप कर सकती हो। देखती नहीं साइन्स में कितना स्कोप है।' अम्मी ने उसे समझाया।

'वो तो है, लेकिन मुझे देखादेखी या लीक पर चलना पसन्द नहीं। मैं कुछ अलग करना चाहती हूँ।'

'हम्म्म, तो बीए कर कौन-सा लीक से हटकर काम करोगी। होम साइन्स लेने का इरादा है क्या?' अम्मी ने छेड़ा।

'नहीं जी, वो तो वैसे ही। यू नो समथिंग डिफरेंट...' अम्मी के सामने अपना स्टाइल दिखाते हुए ताहा बोली।

'ओ हो, समथिंग डिफरेंट, यही तो पूछ रही हूँ कि क्या डिफरेंट?'

'बस, इतना ही कि साइंस में तो मुझे मेरा मुस्तकबिल नहीं बनाना। कुछ और ही करूँगी।'

'अखबार आ गया क्या?' उबासी लेते हुए हाशिम मियाँ ने कमरे से बाहर आते सवाल किया।

'तो फिर आज क्या मिठाई लानी है, अभी बता दो ठीक रहेगा।' अब्बा ने उसके रिजल्ट को लेकर मुतमईन होते हुए कहा।

'अब्बा आज तो शाम को हमारी पार्टी है।'

'अच्छा, कहाँ? मुझे भी आना है क्या?' उन्होंने ताहा को छेड़ा।

'नहीं आना, बस कुछ पैसे दे देना, फिर आपका रोल खत्म।'

'अच्छा जी, पार्टी के पैसे हम दें और हमें ही आने से मनाही, यह भी खूब है बेटा जी।'

'आपके साथ तो घर पर पार्टी करेंगे ना रसगुल्लों के साथ।' ताहा ने होठों पर जीभ फिराते हुए कहा।

अखबार वाले ने अखबार यों फेंका कि सीधे चौक में आकर गिरा।

'लो जी, आ गया अखबार भी और ताहू का रिजल्ट भी।' अखबार का इन्तजार तो बस फौरी तौर पर था।

सभी जानते हैं कि उसके रोल नम्बर फर्स्ट डिवीजन के कॉलम में ही होंगे। यह भी रस्मी तौर पर देख लिया गया।

अम्मा ने ताहा की पेशानी चूमते हुए ढेरों दुआएँ दे डाली।

कहा—'तूने साबित कर दिखाया कि बेटियाँ भी बाप का नाम रोशन कर सकती हैं। हाशिम की दी छूट का उसे सिला भी अच्छा मिला। मुझे फख्र है तुझ पर बिटिया।'

पास ही बैठे हाशिम मियाँ मुतमईन थे इस बात से कि उनकी परवरिश जाया नहीं जा रही। इसके बाद तो आसपास के लोगों और रिश्तेदारों का दिनभर घर पर आना-जाना लगा रहा, मुबारकबाद देने। बड़ी भाभी की बहन भी आयी थीं। 'बहुत मुबारक हो भई शायदा, बेटी ने तो खूब नाम कर दिया।' बड़ी भाभी की बहन बोली।

'जी, अल्लाह का शुक्र है कि उसकी मेहनत को फल देता है।'

'वो तो ठीक है, अब पढ़ाई छोड़ इसकी शादी की सोचो, जवान हुए जा रही है।'

'अभी कहाँ—अभी तो इसकी खेलने की उम्र है।'

'अरे, वाह जी वाह। डाँग होती लड़की भी नहीं दिखाई दे रही तुम लोगों को। इसके साथ वालियों के तो बच्चे भी हो गये।'

फिर कुछ रुककर बोली—'तुम कहो तो मेरा बड़ा बेटा है ना, वो भी बारहवीं पास है।

कम्प्यूटर सिखाने जाता है, एक सेंटर पर, खूब खुश रहेगी ताहा उसके साथ।' बड़ी भाभी की बहन ने अपने मन की बात कही।

'नहीं, अभी हमने इस बारे में सोचा नहीं। पहले पढ़ लें, फिर सोचेंगे।' शायदा बेगम ने अपनी कोफ्त छिपाते हुए कहा।

'तो क्या ऐसे रिश्ते बार-बार आते हैं। देखो भई, तुम्हारी लड़की इतनी पढ़ गयी है तो अपने रिश्तेदारों में मेरे बेटे से ज्यादा पढ़ा तो तुम्हें मिलेगा भी नहीं।'

शायदा बेगम कुछ बोलती इससे पहले ही अम्मा की आवाज आयी। ''तो क्या हम तुम्हारे बेटे के भरोसे हैं।''

अपनी बातों को बिगड़ते देख बड़ी भाभी की बहन ने अलविदा कहना ही ठीक समझा।

शायदा बेगम लोगों की बेकार की बातों पर ध्यान नहीं दिया करती, फिर भी आये दिन लोगों के उसके जवान होने को लेकर किए तंज उन्हें परेशान कर देते।

वो और हाशिम मियाँ बच्चों की उम्र से ज्यादा उनकी पढ़ाई और मुस्तकबिल पर ध्यान देते, लेकिन कोई-ना-कोई बड़ी होती ताहा की शादी करने की सलाह दे डालता तो वे सोच में पड़ जातीं। शाम को उन्होंने हाशिम मियाँ से अपनी यह उलझन कह दी।

'क्यों ध्यान देती हो इन बातों पर। तुम नाहक़ ही परेशान होती हो और ऐसी बातें कर मुझे भी परेशान करती हो। सोने दो, कल मुझे महारानी कॉलेज की फॉर्म भरने की तारीख पता करनी है। फीस भी जमा करानी है, बेटी की खुशियों पर ध्यान देना है। ऐसे बहुत काम हैं मुझे।'

'लो जी शायदा बेगम, सभी का मुँह मीठा कराओ।'

'आज जमीन का सौदा कर आया हूँ। पैसा पूरा दे दिया है और पट्टा भी मिल गया है।'

अम्मा बोली—'चलो अच्छा है, जमीनें तो जितनी हों अच्छा। वैसे भी दोनों बेटों के लिए जरूरी है।'

'बेटों की बाद में सोचेंगे, पहले तो अपने रहने का इन्तजाम कर लें।'

'तुझे क्या परेशानी, आराम से तो रह रहा है ना।'

'हाँ, हूँ तो आराम से, लेकिन कमबख्त मन और ज्यादा आराम माँग रहा है।'

'तो क्या ज्यादा चाहिए मियाँ।'

'बड़ा-सा बंगला। गाड़ी और अपने रिश्तेदारों से दूर सुकून की ज़िन्दगी। अब हम जल्द ही अपने नये घर में जाएँगे।'

'कौन-सा नया घर—हम कहाँ जा रहे हैं?'

'अम्मा देखो ना अब यह घर छोटा पड़ने लगा है। कोई मेहमान आ जाये तो शर्मिंदगी उठानी पड़ती है। न उन्हें बैठाने को जगह और ना ही उनके रुकने के लिए कमरा। एक से दो लोग आ जाएँ तो जगह ही नहीं बचती घर में। तो सोच रहा हूँ जहाँ यह जमीन ली है न, वहीं एक आलीशान घर बनवा लें।'

'इस घर में मुझे तो कोई परेशानी नजर नहीं आती, बिलकुल अच्छा है हम लोगों के लिए।'

'लेकिन छोटा तो है।'

'तो क्या हुआ, अपनों के पास हैं और अपनी पुश्तैनी जमीन पर हैं, यही काफी है।

तेरा तो तेरे साथ वाले दिमाग खराब कर देते हैं, खुद तो एक कोस दूर जा पड़े हैं, अब तुझे भी पट्टी पढ़ा रहे हैं।'

'मैं जानती हूँ उस सुरेंद्र सिंह को वही सिखा रहा है ना तुझे...' अम्मा ने उनके दोस्त का नाम लेते हुए कहा।

'वो क्या सिखाएगा मुझे, मैं क्या बच्चा हूँ?'

'और अम्मा अब मैंने तो फैसला कर लिया है कि हम प्रतापनगर में नया घर बनवा रहे हैं और वहीं रहेंगे। बस, यही फाइनल है।'

'जब तूने फाइनल कर ही लिया तो मुझसे क्यों पूछ रहा है, जा जो करना है कर। मैं तो यहीं रहूँगी।'

हाशिम मियाँ जानते थे कि अम्मा बस ग़ुस्सा दिखाती हैं, लेकिन उनके हर फैसले में उनका साथ देती हैं।

इस बार भी वे मना नहीं करेंगी। भले ही उन्हें यह घर छोड़ना बुरा लगे, लेकिन वे उनके साथ चल देंगी।

ताहा की मार्क्सशीट भी आ गयी और कॉलेज का फॉर्म भी। इस बार 89 प्रतिशत मिले थे, फिर भी वो खुश नहीं।

तनाव में थी कि आजकल यूनिवर्सिटी और उसके कॉलेजों की मैरिट हाई

जाने लगी थी।

अब्बू से कहा—'हर साल एडमिशन के दिनों में अखबारों में इतने मोटे-मोटे हैडिंग आते हैं, इस विषय की मैरिट 90 पहुँची तो दूसरे की 95 प्रतिशत पर। राजस्थान यूनिवर्सिटी न हुई कोई दिल्ली यूनिवर्सिटी हो गयी कि एडमिशन चाहिए तो 90 प्लस ही लाओ।'

'90 प्लस में भी वहाँ एडमिशन कहाँ होता है बेटा, डीयू के लिए तो 98 प्लस चाहिए होते हैं।' उन्होंने बेटी की बात को ठीक किया।

'जो भी हो अब्बू, आजकल तो कितनी मारामारी है परसेंटेज की भी। पता नहीं लोग इतना क्यों पढ़ते हैं कि मैरिट इतनी हाई जाये।'

'तू टेंशन मत ले, तुझे तो मिल जायेगा एडमिशन।'

घर का काम शुरू हो गया था। दो सौ वर्गगज की जमीन पर आलीशान बँगले का नक्शा तय हुआ था।

जमापूँजी की कमी थी नहीं। अच्छी नौकरी इस पर पुश्तैनी मकान का हिस्सा भी बड़े भाई ने ले लिया था और उनकी बनती रकम दे दी थी।

इधर ताहा के मन की भी पूरी हो गयी थी, महारानी कॉलेज में उसे दाखिला मिल गया।

हाशिम मियाँ ने भी इस पर राहत की साँस ली थी, एडमिशन नहीं होता तो उनकी बेटी का हौसला कमजोर पड़ जाता।

इस पर ताहा की खुशी का ठिकाना नहीं रहा, अपनी दोनों सहेलियों के साथ ही उसे भी महारानी कॉलेज जाने की जल्दी थी।

10 जुलाई से वहाँ का सेशन शुरू होना था। सो वो तैयारियों में मशगूल रही।

इतने सालों स्कूल की ड्रेस से निजात मिलते ही उसने अपने लिए खूब शॉपिंग की।

'मेरा नया हेयर कट कैसा है?' रात को ताहा ने अपना रिबन खोलकर अपने भाई-बहन को दिखाते हुए राय जाननी चाही।

निदा बोली—'वाह, बाज़ी मस्त लग रहा है।' रेहान और मन्नान ने एक-दूसरे की ओर हँसकर देखा।

फिर रेहान बोला—'तू पढ़ने जा रही है या फैशन परेड करने।'

'तुम दोनों से तो बात करना ही बेकार है। अच्छे दिखने में क्या बुराई नजर आती है तुम दोनों को! वहाँ इतनी फैशनेबल लड़कियाँ आती हैं, पता है ना, फिर मैं

क्या उन लोगों में बुद्धू ही दिखूँ।' ताहा चिल्लाई।

'दिखने की क्या बात है, वो तो तुम हो ही' मन्नान ने रेहान को आँख मारी।

निदा ने बात सँभाली—'बाज़ी, जाने दो इन पागलों को, मैं कह रही हूँ ना आप इस कट में बेहद खूबसूरत दिख रही हैं।'

तो आखिर वो दिन भी आ गया जब ताहा ने कॉलेज में कदम रखा। अजमेरी गेट बस से उतर कर वो महारानी कॉलेज की ओर चल दी। उसकी दोनों सहेलियाँ मीरा और शाहना बाहर ही मिल गयी थीं।

ताहा अपने पिंक कुरते और सफेद चूड़ीदार में खिल रही थी। सहेलियों की तारीफ से उसका आत्मविश्वास और बढ़ गया था। हाथ में दो रजिस्टर लिए वो कॉलेज के मेनगेट के अन्दर पहुँची।

कॉलेज खूबसूरत है, यह तो उसे पहले से ही पता था। लेकिन आज यहाँ आम दिनों से ज्यादा भीड़ थी। बरामदे लड़कियों से भरे पड़े थे। तीनों ओर के बगीचे भी।

लड़कियाँ ग्रुप में बैठी थीं। कुछ बरामदें पर बनीं नीची दीवारों पर तो कुछ गार्डन में। पार्किंग में भी भीड़ कम नहीं थी, यों लगा जैसे आज लड़कियों के लिए ख़ास मेला लगा है और शहरभर की खूबसूरती यहाँ उमड़ पड़ी है।

सबसे ख़ास बात यहाँ की फैशन। हर लड़की का कुछ अलग रंग और अलग ढंग।

जीन्स, शॉर्ट्स तो आम बात है।

इस पर टीशर्ट और शर्ट की स्टाइल।

आँखों में गहरा काजल, ऊँची हील। यहाँ से अन्दाजा लगाया जा सकता था कि अभी फैशन की दुनिया में क्या ट्रेंड चल रहा है।

ताहा को किसी की ड्रेस का कलर पसन्द आता तो किसी के लिप ग्लॉस।

वो भी बरामदों, गार्डन में चक्कर काटकर थक गयी तो, क्लासेज का पता लेने पहुँच गयी।

शायद पीऑन था, उसी से पूछा। 'फर्स्ट ईयर की क्लासेज किधर हैं।'

उसने हाथ से इशारा कर दिया, फिर कहा- 'पहले दिन भी कोई क्लासेज का पूछता है भला' और हँसने लगा।

मीरा बोली—'हमें तो नहीं जानना था, लेकिन हमारी पढ़ाकू सहेली पहले दिन का चैप्टर मिस नहीं करना चाहती थी।' उसने ताहा की ओर इशारा करते हुए कहा। इस बार चारों हँस दिए थे।

दोपहर दो बजते-बजते ताहा को भूख लगने लगी थी, कहने लगी, चलो- 'अब घर चलते हैं।'

शाहना ने कहा—'तो घर जाने की क्या जरूरत है कैंटीन ही चलते हैं।'

'फिर कभी, अभी तो घर ही चलो। वैसे भी बोरियत होने लगी है।'

'अरे यार, तू खुद ही बोर है, आज पहला दिन है तो फ्रेशर और सीनियर से जान-पहचान तो बढ़ा लें, काम आयेगी।' शाहना बोली।

'बाद में बढ़ाते रहना, जान-पहचान।' यह कहते वो उठ खड़ी हुई और दोनों को हाथ पकड़कर उठाया।

तीनों गेट से बाहर आ गयीं। और बस का इन्तजार करने लगीं।

सामने ही महाराजा कॉलेज का मेनगेट। लड़कों के कई ग्रुप वहाँ खड़े दिखाई दिए। वह वहीं बाहर खड़ा था, शायद किसी के इन्तजार में।

नीली जींस और सफेद टीशर्ट उसके गोरे रंग और भूरे बालों के साथ जम रहा था। कोई 21-22 साल का होगा वह।

ताहा को महसूस हुआ कि वह उसकी ओर लगातार देखे जा रहा है। उसका ताकना उसे परेशान किए जा रहा था और वो बार-बार मुँह फेरे जा रही थी।

ताहा ने शहाना को इशारा किया और कहा—'चलो, आगे चलकर बस का इन्तजार करते हैं।'

मीरा बोली—'अब यहाँ कौन-सी परेशानी है तुझे। यार, तेरे तो नखरे ही बहुत हैं।'

इस बात का जवाब दिए बिना ही ताहा आगे बढ़ गयी थी, सो, वो दोनों भी उसके साथ हो लीं।

उसे महसूस हो रहा था कि उसकी दो आँखें अब भी उसका पीछा कर रही हैं।

अचानक शहाना ने उस नौजवान की ओर देखा और हाथ हवा में हिलाया, वहीं से चिल्लाई, 'भाईजान, भाईजान...'

वो इधर ही देख रहा था तो शहाना को उसे बुलाने में दिक्कत नहीं आयी। वो बाइक लेकर उनकी ओर ही आ रहा था।

'चलो, अब तुम दोनों अपना-अपना ठौर कर लो, मैं तो चली जीशान भाईजान के साथ।' यह कह शहाना वहाँ से चल दी।

ताहा जहाँ खड़ी थी, उससे कुछ पीछे आकर बाइक रुकी। लेकिन ताहा ने पीछे मुड़कर देखना ठीक ना समझा। बाइक का हॉर्न लगातार बजा जा रहा था और फिर अचानक स्पीड के साथ वो उसके करीब से गुजर गया।

कोई तो खुशबू रह गयी थी उसके गुजरने पर कि ताहा के दिल की धड़कनों में हलचल होने लगी।

बस में बैठे-बैठे भी ताहा का ध्यान उसी खुशबू पर था। वो बार-बार दोहरा रही थी—'जीशान, शायद यही कहा था शहाना ने।'

हर दिन कॉलेज आते-जाते निगाहें उससे टकरा जाती। वो कॉलेज के गेट के ठीक सामने खड़ा हुआ करता। ना चाहते हुए भी ताहा की नजरें वहाँ चली जातीं और उसे अपनी ओर देखता पाकर वह झेंप जाती। समझ नहीं पाती कि वह पूरे दिन ही यहाँ बैठा रहता है या फिर उसे उसके आने-जाने के वक़्त का पता है। बस वो उसे उसकी ओर देखता हुआ ही पाती। कई बार वो अपने आसपास देखा करती, यह जानने के लिए कि हो सकता है वो किसी और को देखा करता है और उसे वहम हो रहा हो कि वह उसके लिए ही यहाँ बैठा करता है।

घर पर अपने नोट्स बनाते-बनाते भी जीशान का खयाल आ जाता तो उसके ख़्वाब पीछा पकड़ लेते। किसी तरह भी वो उनसे पार नहीं पाती।

जीशान के तकते रहने का असर उस पर यह हुआ कि वो अब कॉलेज जाने से पहले देर तक आईने के सामने खड़ी रहती।

यूँ भी हुस्न पर नूर तो तभी आया करता है, जब इश्क उसे देखने लगे।

उसका चेहरा भी नूर से चमकने लगा। वो कई सारे ड्रेस निकाल लिया करती और पहन-पहनकर देखती। फिर मुश्किल से उस दिन के लिए एक ड्रेस पसन्द आया करती।

ताहा गोरी-चिट्टी तो थी ही। बड़ी आँखें, गुलाब की पंखुड़ियों से गुलाबी होंठ, काले घने बाल और इस पर छरहरी काया। उसकी लम्बाई भी इतनी अच्छी थी कि हर कोई उसे देखता ही रह जाता। इस पर चेहरे की चमक और उस पर झलकता आत्मविश्वास उसका आकर्षण बढ़ा दिया करता।

उसकी चाल और लड़कियों जैसी न थी। उसमें नजाकत की बजाय एक अकड़ हुआ करती, साथ ही चेहरे की संजीदगी, जो उसे औरों से जुदा करती।

तभी अपने सर्किल में तो वह पसन्दीदा थी ही, सभी लेक्चरर भी उसे पसन्द किया करतीं।

कॉलेज में जाते हुए उसने एक बार पलटकर देखा। आज वो यहाँ नहीं था। अन्दर जाते-जाते बरामदे में से एक बार फिर सड़क के पार देखना चाहा, लेकिन वो वहाँ दिखाई नहीं दिया।

अगले दिन दरवाजे के सामने वो खड़ा मिल गया तो ताहा के चेहरे पर मुस्कराहट दौड़ गयी।

उसके मुस्कराने का जवाब जीशान ने भी हँसकर दिया।

इस जवाब पर उसका दिल तो जोरों पर धड़कने लगा। उसे थामे-थामे ही उसने नजरें फेर लीं और कॉलेज के अन्दर चली आयी।

आज वो बहुत खुश दिखाई दी।

बरामदे से गुजरते ना तो उसने किसी से ठोकर खाई और ना ही मीरा ने उसे

खोया रहने को टोका था। क्लास भी अच्छी रही।

मीरा ने पूछ ही लिया—'क्या बात है आज कैसे चहक़ रही हो, कोई लॉटरी खुली है क्या?'

'काहे की लॉटरी यार, मैं तो जैसे रोज होती हूँ, वैसे ही हूँ। तुम लोगों को भी पता नहीं क्या-क्या लगता है।' उसने जवाब दिया।

'नहीं जी, रोज जैसी तो नहीं लगती। हमसे बेहतर तुम्हें कौन जानता है?'

'हमें तो क्या-क्या लग रहा है पूछ मत।' शहाना ने चुटकी ली।

इन चार महीनों में घर बनकर तैयार हो गया। बस फिनिशिंग का काम बाकी था। शिफ्ट होने से पहले ही सभी ने अपने-अपने कमरे बाँट लिए।

'चलो अच्छा है, सामने पार्क है।' शायदा बेगम ने खुश होकर कहा।

'हाँ, तो हम दोनों अब मॉर्निंग वॉक को जाया करेंगे।' हाशिम मियाँ ने छेड़ा।

'आप भी ना, बस मौका चाहिए बोलने का। मैं अम्मा के लिए कह रही हूँ। वहाँ बन्द-बन्द घरों में रहक़र वो भी उकता गयी हैं। सभी ने अपने-अपने कमरों में पसन्दीदा कलर की और सामान की लिस्ट अब्बू को थमा दी। लेकिन अब्बू ने हर कमरे में टीवी लगाने से इंकार कर दिया।

कह दिया कि टीवी तो हॉल में ही लगेगा, एक ही टीवी पर सभी को मैनेज करना है। सभी जानते थे कि यह मैनेज तो होना नहीं है, उस पर अम्मा की ही दादागिरी चला करेगी।

पुराने घर में भी तो रिमोट उनके लरजते बूढ़े हाथों में ही होता। कभी हॉरर शो तो कभी 'बालिका वधू' जैसे सीरियलों में ही दिन पूरा हो जाता। दिन में वो कुकरी शो देखती, जिससे उनका कोई लेना-देना नहीं होता। घर में ज्यादातर नॉनवेज बनता और वो वेज कुकरी शो देखतीं। ऑलिव ऑयल, बीन्स, कॉर्नफ्लोर जैसे शब्द उन्होंने यहाँ से सीख लिए थे।

पोता-पोती दिनभर उनकी चापलूसी करते, मनाते लेकिन क्या मजाल है कि वो रिमोट से बूढ़े हाथों की पकड़ छोड़ दें।

इस पर उनकी फिल्म 'सूर्यवंशम' किसी चैनल पर दिख जाये तो गयी तीन घंटों की। फिर तो वे किसी हाल में टीवी के सामने किसी और को नहीं बैठने देतीं।

इसका सभी ने एक रास्ता निकाल लिया था। अब्बू से कह दिया था कि अम्मा का तखत हॉल में नहीं लगाया जाये तो, उन्हें भी रिमोट हाथ में लेने का मौका मिलेगा।

ताहा इसलिए भी खुश थी कि प्रतापनगर शिफ्ट होने के बाद जल्द ही उसे स्कूटी मिल जायेगी।

शहाना बोली—'लेकिन इतनी दूर से स्कूटी चलाते हुए यहाँ तक पहुँचेगी तो

थक जायेगी।'

'पागल मुझे स्कूटी पर बैठकर आना है, स्कूटी को मुझ पर नहीं।'

'अरे, यार तू भी ना। तेरे सेंस ऑफ ह्यूमर का तो जवाब नहीं।'

'जवाब तो मेरा वाकई नहीं है, ताहा ने खुद यकीनी के साथ कहा।'

'हाँ, यही तो बात है...।'

'क्या बात? कुछ कहना चाहती हो?'

'बात तो बस इतनी-सी है कि वो तुम पर फिदा हुए जा रहे हैं।'

'कौन?'

'वही, कॉलेज में आते-जाते जिसे देख खिल जाया करती हो।'

ताहा के गाल सुर्ख होने लगे, लेकिन उसने अपने भावों को छिपाने की कोशिश करते हुए कहा—'किसकी बात कर रही हो?'

'अच्छा, इतनी नादान भी नहीं, अल्लाह ने दो आँखें दी हैं और समझने के लिए एक दिमाग भी।'

'ज्यादा पहेलियाँ ना बुझाओ, बताओ किसके बारे में कह रही हो।' ताहा ने उसकी चोटी खींच दी थी।

'चल अब तो हरगिज नहीं बताती, जा।'

'मत बता, मैं कौन-सा जानने के लिए मरी जा रही हूँ।'

'अच्छा जी, वो तो तेरे चेहरे से ही दिख रहा है तू चाहे कितना ही छिपा ले।'

'क्या दिख रहा है?

'यही कि तुम आहें भरने लगी हो।'

'क्या बकवास है।'

'हाँ भई, अब तो हमारी बातें बकवास ही लगेंगी।'

'खैर, जाने दो।' यह कहते शहाना ने बैग से एक लिफाफा निकाल ताहा के आगे कर दिया।

ताहा का दिल धड़क उठा, उसने काँपते हाथों से लिफाफा ले लिया और बैग में डाल लिया।

घर में खुद को अकेला पाकर बैग से लिफाफा निकाला। उसमें एक छोटा कार्ड था, सुर्ख फूलों से दिल बने शेप का।

उसने डरते हुए कार्ड को खोला। वो उसे कई बार पढ़ गयी। कुछ शायरी और कुछ इंग्लिश में।

ना तो उसमें ताहा का नाम लिखा था और ना ही नीचे भेजने वाले का। आखिरी में लिखा था, 'योअर्स अ विल बी योअर्स ...'

इस लाइन को उसने कई बार पढ़ा और कुछ याद करने की कोशिश की।

'हाँ, इस बर्थ डे पर मेरे स्कूल बैग में किसी ने कार्ड रख दिया था, उसमें भी तो ऐसा ही कुछ लिखा था। किसने रखा आज तक पता नहीं चला।'

उसने अपनी अलमारी खोली। कपड़े बिखर कर नीचे आ गये थे, देखा पीछे अलमारी की दीवार से कार्ड चिपका पड़ा है। उसने उसे उठाया और कपड़ों को यों ही ठूँस दिया।

उसने देखा कि दोनों में लिखावट एक ही थी, हू-ब-हू। और दोनों कार्ड में आखिर में वही लाइन लिखी थी, योअर्स अ विल बी योअर्स...

वो हैरान थी कि जीशान का यह कार्ड लेकिन उसके बैग में कैसे आया।

बरामदे के एक कोने में खड़ी शहाना की चोटी अब ताहा के हाथ में थी, वो जब शहाना को मजा चखाना होता तो यही करती। शहाना ने कहा—'चोटी छोड़ दे, नहीं तो कुछ नहीं बताऊँगी।'

ताहा ने चोटी छोड़ उसका हाथ पकड़ लिया।

शहाना बोली—'वो तू एक बार मेरे घर आयी थी ना बायोलॉजी की किताब लेने...'

'हाँ, तो'

'वहाँ बैठक में जीशान भाई भी बैठे थे।'

'अच्छा, मैंने ध्यान नहीं दिया।'

'तो क्या हुआ, उन्होंने तो दे लिया ना।'

'अच्छा... तो फिर क्या हुआ?'

'क्या होना था, वो तो गये बेचारे। तुझ पर फिदा हो गये। वाकई पागल हैं कि इतनी अकड़-सी लड़की से दिल लगा रहे हैं।

उन बेचारों को क्या पता कि तेरे साथ उनकी नहीं निभने वाली।'

'ज्यादा बकवास मत कर।'

'हाँ, तो वो समझ रहे हैं कि वो तुझसे बेपनाह मोहब्बत करने लगे हैं, तेरी यादों में रातें काली करने लगे हैं, लेकिन हैं दरअसल पागल ही।'

'यह शायरी छोड़ और बता यह कार्ड मेरे बैग में कहाँ से आया।'

'हम्म, आया तो मेरे इन हाथों के जरिए, लेकिन मैं अपने कजिन की जिद के आगे मजबूर थी।'

'और जब मैंने इस बारे में पूछा था तो तू तो अनजान बन गयी थी।'

'मैं डर गयी थी मैडम, आप जैसी खड़ूस के सामने किसकी हिम्मत जो प्रेम पत्र दे।'

ताहा अब थोड़ा गम्भीर होते हुए बोली—'क्या करते हैं तेरे ये कजिन?'

'फिलहाल तो बस वे इश्क ही कर रहे हैं।'

'तू सुधरेगी नहीं। ठीक से बता ना।'

'वो अभी पढ़ रहे हैं। और आपके ठीक सामने वाले कॉलेज में बीए ऑनर्स फाइनल इयर के स्टूडेंट हैं।

एमडी रोड पर भाई का घर है और इनके पापा का मेन्स वीयर शोरुम है गणपति प्लाजा में।'

'अच्छा, तो घर में कौन-कौन हैं?'

'मतलब तूने प्लान कर लिया उससे शादी करने का?'

'घर में एक बड़ी बहन है, जिनकी शादी हो चुकी है और उनसे छोटे भाई कामरान और तीन भाई-बहनों में सबसे छोटा जीशान।'

इसी बीच नया घर बनने का काम पूरा हो गया। ताहा ने कॉलेज से सप्ताह भर की छुट्टियाँ लीं।

अम्मा कुछ उदास रही, यहाँ से जाने को लेकर, लेकिन वो हाशिम मियाँ के साथ ही रहना चाहती थीं।

इतने सालों में उन्हें अपने चारों पोता-पोती के साथ की आदत हो गयी, इस पर शायदा बेगम का नरम मिजाज उन्हें इस परिवार से बाँधे रखता।

शायदा बेगम को वे जब भी देखतीं, यही सोचा करतीं कि 'पढ़-लिख जाने से औरतें और भी समझदार हो जाती हैं। हम तो नाहक़ ही सोचा करते थे कि पढ़ने से दिमाग चढ़ जाया करते हैं और स्कूल-कॉलेज जानेवाली लड़कियाँ ससुराल वालों से निबाह नहीं कर पाती। लेकिन शायदा ने इस सोच को बदल दिया था।'

वो अपनी पढ़ी-लिखी समझदार बहू को मन-ही-मन दुआएँ देने लगीं। उस घर को छोड़ते वक़्त अम्मा ही नहीं, सभी की आँखों में आँसू थे।

नया घर वाकई खूब खूबसूरत लगा और सामने खुली-खुली राहें सभी को ज्यादा पसन्द आयीं। तंग गलियों में अपना बचपन बितानेवालों को खुली राहें मिल जाये तो जैसे बचपन लौट आता है। चौड़ी-चौड़ी सड़कें, दूर-दूर बने आलीशान घर, इक्का-दुक्का फ्लैट, सामने ही पार्क की हरियाली, उसके पेड़ों से लिपटकर आती ठंडी हवाएँ।

कुल मिलाकर यहाँ हवाओं को घूमने की भी खूब जगह मिलती। घाटगेट तो इसके उलट है। वहाँ गर्मियों में भी तीसरी मंजिल पर जाने के बाद भी हवा नहीं लग पाती। पास-पास ऊँचे-ऊँचे घर वहाँ हवाओं को घूमने का मौका नहीं देते। गलियाँ भी इतनी संकरी कि तीन-चार लोग साथ जा रहे हों तो एक-दूसरे से टकरा जाएँ।

स्कूटी से कॉलेज जाना उसके लिए आसान हो गया था लेकिन एक परेशानी हो गयी कि अब सीधे ही पार्किंग की ओर जाना होता। इससे आते ही जीशान के

दीदार नहीं हो पाते। इसका भी उसने दूसरा हल निकाल लिया।

अब वो पार्किंग से सीधे ही कॉलेज के बरामदे में जाने की बजाय मुख्य दरवाजे के आगे बने गोल गार्डन का चक्कर लगाकर निकलती थी। इससे सामने ही खड़ा जीशान भी दिखाई दे जाता।

कॉलेज से निकलते वक़्त शहाना भी पार्किंग में आ गयी और उसे एक लिफाफा पकड़ा दिया। इस बार कार्ड नहीं खत ही था।

'प्यारी ताहा,

'तुम ऐसे छुट्टियाँ लेती हो तो मेरे लिए दिन काटना मुश्किल हो जाता है। लेकिन तुम्हें तो इससे क्या, तुम तो मुझे देखे बिना भी चैन से रहती हो, तभी मेरी तड़प को नहीं समझ पाती। है ना?'

पढ़ते ही ताहा बैचेन हो उठी, उसे कहने को कि तुम ही नहीं मैं भी तुम्हें नहीं देखती तो परेशान हो जाती हूँ।

'आज उन्होंने कह भेजा है कि कल उनसे मिलना ही होगा। हर हाल में।'

'नहीं यार, मैं तो नहीं जा पाऊँगी।'

'इसमें क्या है ताहा, बस बात ही तो करनी है। वो कौन-सा तुझे भगाकर ले जानेवाले हैं कि इतना डर रही है।

अभी किसी से लड़ना हो तो तू दस लड़कों से भी नहीं डरे और प्यार मोहब्बत की बात आयी तो मेरे सीधे-सादे से भाई से भी खौफ खा रही है। यह नहीं चलेगा। कल तो मिलना ही होगा।'

'कैसे मिलेंगे, कहाँ मिलेंगे।'

'और कहाँ—रामनिवास बाग है ना।'

मन में चलती ऊहापोह के बीच उसने अपने फेवरेट नीले कलर का कुर्ता पहना, साथ में पिंक कॉम्बिनेशन का दुपट्टा और सलवार उस पर खूब खिल रहा था।

रामनिवास बाग पहुँची तो जीशान और शहाना पहले ही वहाँ मौजूद थे।

उसकी नजरें जीशान के सामने उठने से इनकार करने लगीं। वो सिर झुकाए ही उसके सामने मौजूद थी। जीशान को सामने पाकर वो गुम-सी थी।

तीनों खामोश थे। उनकी चुप्पी देख शहाना पॉपकॉर्न लेने के बहाने से चली गयी। जीशान ने पास ही एक बेंच की ओर इशारा करते हुए उसे बैठने को कहा।

पास बैठते ही उसने बिना कोई देरी किए ताहा का हाथ अपने हाथ में ले लिया। ताहा को एक झटका-सा लगा लेकिन हाथ छुड़ाया नहीं। उसे महसूस हो रहा था कि उसका हाथ काँप रहा है, लेकिन जीशान के मजबूत हाथों ने उसे इस तरह थामा कि हाथ का लरजना थम गया था। साथ ही साँसें भी।

अब भी उसकी गर्दन झुकी रही, ताहा के लिए जीशान के सामने आँखें

उठाना मुश्किल हुआ जा रहा था। जबकि उसका मन था कि जीशान को आज जी भर देख लेना चाहता था। इतने महीनों से दूर से ही एक-दूसरे का दीदार किया करते और आज जब करीब से देखने का मौका मिला तो पलकें इसकी इजाजत नहीं दे रही थीं।

साँसें चलने-थमने, धड़कनों की उलझन और हाथों के एक-दूसरे से बँधे होने बीच की खामोशियों को तोड़ते हुए जीशान ने कहा—'तो तुम्हारा क्या जवाब है, मेरी इस मोहब्बत के लिए।'

ताहा कुछ ना बोली—उसे लगा धड़कनों की उलझन कुछ सुलझे तो बोलते बने।

जीशान ने कहा—'मैंने तो कभी ख़्वाब में भी नहीं सोचा था कि तुम शरमाती भी होगी?'

इस बार शरमाती ताहा की हँसी छूट पड़ी, कहा—'क्यों मैं नहीं शरमा सकती। मैं लड़की नहीं हूँ?'

'हो, लेकिन आम नहीं, ख़ास, बहुत ख़ास। जिसे देख कोई भी पाने को बेताब हो जाये।'

जीशान के इस लहजे में वो जैसे नदी की धार-सी बह गयी। अविरल-सी। कहीं कुछ रोक नहीं पा रहा था जिसे। हर चट्टान को पार कर वह बहती चली जाने लगी।

कुछ ही देर में दोनों की खामोशियों को लफ्ज मिल गये। दोनों ने खूब बातें कीं। बचपन की, सहेलियों की, घर की और दोनों के मुस्तकबिल की।

पेड़ों की डालियाँ धूप की तपिश में भी जरा-सी हवा पाकर हिलने लगी और उन दो मोहब्बत भरे दिलों को कुव्वत पहुँचाने लगी।

चिड़ियों की चीं-चीं उनकी गुफ्तगू में बैक ग्राउंड संगीत देने लगी। इन सब के बीच कोई था जो परेशान हो चला था।

शहाना हाथ बाँधे दोनों के पीछे खड़ी हो गयी।

'अब चलो भी, बहुत बातें हो गयीं तुम लोगों की। अब क्या फैमिली प्लानिंग भी आज ही कर जाओगे। मेरी तो किसी को फिक्र ही नहीं है पिछले दो घंटों से मारी-मारी घूम रही हूँ।'

ताहा कुछ झेंप गयी। और उसने झटके से जीशान से हाथ छुड़ाने की कोशिश की, लेकिन जीशान के आगे उसकी न चली।

अपनी बहन की शिकायत के बाद जीशान और ताहा वहाँ से उठ गये। ताहा को उसके साथ चलना बहुत पसन्द आ रहा था। पहला-सा अहसास था कि कोई हमसफर बन साथ था। फूल ना सही लेकिन पेड़ों से झरते पत्ते उनकी इन राहों को

कुछ ख़ास बना रहे थे।

दोनों की मुलाकातें बढ़ने लगीं, कभी बगीचे में तो कभी कॉफी शॉप पर तो कभी जीशान जीटी पहुँच जाता, ताहा से मिलने।

ताहा के मन में जो डर था अब भी बरकरार था, लेकिन वो मुतमईन थी कि जीशान के घर वाले जब रिश्ता लेकर जाएँगे तो अब्बू मना नहीं करेंगे।

उनकी मोहब्बत जो परवान चढ़ी तो तीन साल बीत गये। एक-दूसरे का साथ वैसा ही रहा, बल्कि साथ रहने की ख्वाहिश परवान चढ़ने लगी।

जीशान की पढ़ाई खत्म हो गयी तो अब वो दुकान पर ही पापा और भाई का साथ दिया करता।

दूसरी ओर बीए पूरा करते हुए ताहा ने 85 प्लस परसेंटेज का आँकड़ा बरकरार रखा। उसने अपने प्यार-मोहब्बत के दिनों का असर पढ़ाई पर नहीं पड़ने दिया। इसके बाद तो जैसे उसके सपनों को पंख लग गये।

ताहा ने राजस्थान यूनिवर्सिटी में एमए जर्नलिज्म में एडमिशन ले लिया। घर वाले जानते थे कि वह कुछ अलग करना चाहती है। पत्रकार बनने की मर्जी वो पहले ही अब्बू को जता चुकी थी। घर वाले खुश थे कि वह अपनी राहें खुद तय कर रही है और उन पर आगे बढ़ रही है। उसके सपनों को पूरा करने के लिए परिवार साथ था।

हाँ, जीशान ने जरूर नाराजगी जताई, उसके पत्रकार बनने की मर्जी पर।

कहा—'तुम क्या करोगी पत्रकार बनकर? मेरे घर तुम्हें कोई कमी नहीं मिलेगी कि नौकरी की जरूरत पड़े। और आगे पढ़ने की भी क्या जरूरत है?'

'तो अब्बू के यहाँ कौन-सी जरूरत है कि मुझे नौकरी करनी पड़े। बात जरूरत नहीं, मेरे सपनों की है। मेरा अपना वजूद है, उसी के साथ जीना चाहती हूँ।'

'तो क्या तुम्हारे लिए मेरी मर्जी कोई मायने नहीं रखती।' इस बार जीशान ने तल्ख होते हुए कहा।

'बिलकुल रखती है, लेकिन अपने वजूद को लेकर जो सपने देखे हैं, उसमें तुम्हारी मर्जी ही नहीं साथ भी चाहती हूँ।'

जीशान उसे अपने फैसले पर अडिग देख कुछ नहीं बोला। अपनी चुप्पी में कई बातें छिपाए वो वहाँ चला गया।

इसके बाद वह कई दिनों तक नहीं मिला, ताहा को बुरा लगा लेकिन उसने अपने आगे की पढ़ाई जारी रखते हुए जीशान को नहीं मनाया।

यह तो उसकी फितरत में रहा कि जहाँ वो सही होती, अडिग रहती। वो समझती थी कि जीशान को मनाने की शर्त यही होगी कि ना आगे पढ़ाई करूँ और ना ही नौकरी। ऐसा फैसला वो अपने लिए नहीं चाहती।

सोचा—कुछ दिनों में वो अपने आप ही मान जायेगा। लेकिन महीनों बीते जीशान की ओर से कोई जवाब नहीं आया। उसने शहाना को फोन लगाया।

शहाना ने उसे बताया कि जीशान उसे हर दिन याद करता है लेकिन उसकी हठ की वजह से बात नहीं करना चाहता। ताहा ने भी शहाना को साफ कह दिया कि अपने और अब्बू के सपनों को वो ऐसे ही नहीं तोड़ सकती और जीशान को भी नहीं छोड़ना चाहती।

'जीशान से कहना कि मैं उससे बेहद प्यार करती हूँ, लेकिन अपने सपनों को भी उतना ही चाहती हूँ।' यह कहक़र उसने फोन काट दिया।

दोनों की ओर से एक-दूसरे के लिए कोई पैगाम नहीं। दोनों जब भी शहाना से मिलते अपने लिए कोई पैगाम मिलने का इन्तजार किया करते।

एमए प्रीवियस के इम्तिहान हो चुके थे। इन्हीं दिनों शहाना की शादी का पैगाम आ गया।

वो इस शादी को लेकर यूँ भी खुश हो गयी कि इस बहाने जीशान से मिलने का और उसे मनाने का मौका मिल जायेगा। उसने अपनी नाराजगी को ज्यादा ही लम्बा कर लिया था, सो वो अब नाराजगी खत्म करना चाहती।

शाहना की मेहँदी के दिन वो दोपहर में ही चली आयी। उसे पता था कि जीशान वहीं उसका इन्तजार कर रहा होगा।

गली में ही जीशान से सामना हो गया। उसे जैसे बरसों से देखा हो, उसकी आँखें उसी पर टिक गयीं, जैसे उससे पूछ रही हों कि तुम्हें इतने महीनो में एक बार भी याद नहीं आयी?

जीशान नाराज था लेकिन ताहा को देख उसने आँखें नहीं फेरीं। वो भी उसे ही देखे जा रहा था—'जैसे कह रहा हो कि हर दिन, हर पल तुम्हें देखे बिना कैसे कटे मैं ही जानता हूँ।'

ताहा को इतना तो यकीन था कि जीशान उससे बेहद प्यार करता है और वो मनाएगी तो मान जायेगा।

दिनभर वो सोचती रही कि मौका देखकर जीशान उससे बात करेगा, लेकिन ऐसा नहीं हुआ।

हल्का अँधेरा होने लगा। शादी के घर में चौक में औरतें गीत गाने बैठ गईं। उन गीतों पर ताहा का ध्यान नहीं गया। उसका तो मन बैठा जा रहा था। वो जीशान की पहल का इन्तजार करते थक-सी गयी। लगा कि आज भी कोई बात नहीं हुई तो लड़ाई खत्म करने का और कोई मौका नहीं मिलने का। उसने शहाना से इस बारे में बात की और शादी की रौनकें छोड़ छत पर आ गयी।

शहाना को अपनी दोस्त और भाई के बीच की तकरार परेशान करने लगी थी।

उसे भी सुलह की जल्दी थी, सो काम के बहाने जीशान को भी छत पर भेज दिया।

वहाँ ताहा को देख जीशान चौंका नहीं। वो समझ गया था कि शहाना उसे क्यों भेज रही है। फिर भी जानबूझकर ही वो यहाँ आया। तभी तो नाराजगी जताकर पलट जाने की बजाय वो ताहा के करीब आ गया।

'तुम्हारी जिद मेरी मोहब्बत से ज्यादा बड़ी है न।' उसने ताहा की आँखों में आँखें डालते हुए सवाल किया।

'तुम गलत समझ रहे हो जीशान। मेरी ज़िन्दगी में तुम्हारी जगह हर बात से हर सपने से ऊपर है, लेकिन तुम बाकी चीजों से अपनी बराबरी कर, खुद को मेरी ज़िन्दगी में कम आँक रहे हो।'

वो फिर बोली—'तुम बताओ अगर हम एक-दूसरे के साथ ही, एक-दूसरे के सपनों को भी जीएँगे तो ही प्यार बचा रहेगा ना हमारे बीच।

सपनों को पीछे छोड़ मैं आगे नहीं बढ़ सकती और तुम्हें छोड़कर मैं अपनी ज़िन्दगी नहीं जी सकती। बताओ अब क्या करूँ? क्यूँ मुझे इस उलझन में रखना चाहते हो?' यह कहते ताहा ने जीशान के सीने पर अपना सिर रख दिया।

जीशान ने बिना कुछ कहे हाथों का घेरा बनाकर उसे बाँहों में भर लिया। दोनों के बीच अब शिकायतों के लिए जगह नहीं बची थी। जीशान को समझ आ गया कि ताहा को उसके सपनों के बिना नहीं अपनाया जा सकता और ताहा को समझ आ गया कि जीशान की मोहब्बत के बिना उसकी ज़िन्दगी मुश्किल है।

तभी आज जीशान से मोहब्बत को लेकर उसके सारे डर निकल गये और वो उसके और भी करीब आ गयी। सालभर की दूरी के बाद पास आने का मौका मिला था दोनों को। कहते हैं ना दूरियाँ मोहब्बत के अहसासों को बढ़ा देती हैं।

इतनी करीबियों से दोनों की साँसें तेज चलने लगीं, इतनी कि अचानक ताहा ने खुद को ही पीछे धकेला और सीढ़ियों की ओर दौड़ पड़ी। जीशान के होंठों पर ताहा के साँसों की खुशबू फैल गयी।

शहाना के मेहँदी की रात का रंग इन दोनों पर दिखाई देने लगा। रात को डांस फ्लोर पर डांस चल रहा था, लेकिन जीशान की नजरें तो ताहा पर ही थीं।

ताहा बड़े दिनों बाद अपने अन्दर ज़िन्दगी महसूस करने लगी और जीशान की नजर अपने चेहरे पर महसूस कर उसे शर्म सी आने लगी। शहाना के निकाह के दिन मौका देखकर जीशान ने अपनी बड़ी बहन को ताहा से मिलवा दिया।

अब उसे अपनी बड़ी बहन से ही उम्मीद थी कि वो पापा-अम्मी से उसके रिश्ते की बात करे।

सही मौके का इन्तजार करते-करते साल और बीत गया। ताहा को अब शहर में ही एक नेशनल टीवी की स्थानीय कवरेज के लिए रिपोर्टिंग की नौकरी मिल

गयी। वह चैनल के उर्दू एडिशन के लिए काम किया करती। जीशान ने एक बार फिर उससे नौकरी के लिए नाराजगी जताई, लेकिन ताहा ने अपनी जिद के आगे फिर उसे हरा दिया। जीशान उसकी मोहब्बत में घुटने टेक चुका था।

कैफे कॉफी डे में वे अक्सर रात को मिला करते। ताहा रात आठ बजे तक अपने ऑफिस के कामों से फारिग होती और फिर दोनों कहीं घूमने निकल जाया करते।

जीशान ने कॉफी पीते हुए कहा—'पापा ने कहा है कि हमें नौकरी-पेशा बहू नहीं चाहिए, घरेलू चाहिए।'

ताहा ने नाराज होते हुए कहा—'यह भी कोई बात हुई, क्या नौकरी करने वाली घर के काम नहीं करेगी क्या? और मैं नौकरी कर रही हूँ तो इसमें उनकी इज्जत कैसे कम हो जायेगी।'

'तुम समझने की कोशिश करो ताहा, जमाना अभी इतना नहीं बदला। आज भी हर कोई बहू के तौर पर घरेलू लड़कियाँ ही पसन्द करता है।'

'तो फिर क्या तुम मुझसे शादी नहीं करोगे?'

'नहीं, मैं ऐसा नहीं कह रहा, मैं तो बस इतना समझा रहा हूँ कि तुम कुछ महीनों के लिए नौकरी छोड़ दो। शादी के बाद सही मौका देखकर फिर कर लेना।'

'नहीं, ऐसा नहीं करूँगी। मैं जैसी हूँ वैसी ही ठीक हूँ। तुम लोगों को मुझे ऐसे ही अपनाना होगा। और मुझे तो समझ नहीं आ रहा एक मेरे नौकरी कर लेने से ही मैं उनकी बहू बनने के लायक कैसे नहीं रही।'

'देखा, तुम्हारी यह बहस करने की आदत। पत्रकार हो तो इसका मतलब नहीं कि तुम मेरे सामने भी अपना रौब झाड़ो।'

'जीशान, तुम हर बात में मुझे पत्रकार बनने का ताना क्यों देते रहते हो? नहीं करनी तो मत करो शादी।' यह कहते हुए ताहा वहाँ से चली आयी।

दूसरे दिन जीशान ने मोबाइल पर बहुत देर तक उससे बात करने की कोशिश की, लेकिन जिद्दी ताहा के सामने उसकी एक न चली। आखिरकार उसके ऑफिस पहुँच गया।

रिसेप्शन पर जीशान को देखकर उसका मुँह बन गया। 'अब यहाँ क्यों आये हो?'

'तुमसे मिलने।'

'क्यों? तुम्हें तो मैं और मेरा पत्रकार होना ही पसन्द नहीं तो अब क्या लेना-देना है जो आये हो।'

'ओहो, इतने तेवर। पता है तुम्हारे इन तेवरों को देखकर ही तो मैं तुम पर फिदा हुआ था।' यह सुन ताहा की हँसी छूट गयी। और ग़ुस्सा काफूर हो गया।

'चलो, तुम्हे अच्छे से रेस्टोरेंट में डिनर करवा लाता हूँ।'

ताहा आज साढ़े नौ बजे घर पहुँची।

अम्मी बोली—'जरा जल्दी आया करो ताहा, हमें डर लगा रहता है। रास्ते भी इस वक़्त सुनसान होते हैं।'

'हाँ, अम्मी कोशिश तो बहुत करती हूँ, लेकिन काम है कि खत्म ही नहीं होता। आज तो मन्त्रीजी का इंटरव्यू था। वक़्त ही सात बजे का दिया तो साढ़े आठ बजे काम पूरा हो पाया। ग़ुस्सा तो बहुत आ रहा था, लेकिन दिन के असाइनमेंट पूरे किए बिना नहीं आ सकती थी।'

अब्बू ने हमेशा की तरह उसके सिर पर प्यार से हाथ फिराकर कहा—'कोई बात नहीं। बस तुम जल्दबाज़ी में स्कूटी तेज मत चलाना कभी। देरी से आओ मगर दुरुस्त आओ।'

'अब्बू आजकल पत्रकार साहिबा की खूब चलने लगी है।' रेहान ने कहा। परसों मेरे साले की स्कॉर्पियो तेज रफ्तार के चलते जगतपुरा रोड पर पुलिस वालों ने रोक ली, मैडम का एक फोन गया तो माफी माँगते हुए छोड़ा उन्हें।'

'हाँ, तो मेरी बेटी की अपनी पहचान है, अपना वजूद है। यही तो सपना रहा है मेरा कि तुम सभी की अपनी पहचान हो। एक वालिद के लिए इससे बड़ी क्या बात होगी कि लोग उसके बच्चों के नाम से उसे जानें।' अब्बू ने फख्र करते हुए कहा।

सभी सोने को चल दिए। अब्बू अब भी डाइनिंग टेबल पर बैठे रहे, पास ही अम्मी भी बैठी थी। ताहा उठने लगी तो अब्बू ने रोक लिया।

कहा—'बेटा तुम्हारे लिए रिश्ते आने लगे हैं, अपनी पसन्द बता दो तो उसके मुताबिक हम जवाब की सोचें।'

'अब्बू मैं भी आपसे बात करना चाहती थी, लेकिन कर नहीं पाई।'

'चलो अच्छा है कि तुम इस बारे में बात करना चाह रही थी, ऐसा करना तुम और अम्मी बैठकर बात कर लो, मैंने भी अपनी पसन्द के कुछ लड़कों की तस्वीरें रखी हैं, वो भी देख लेना और दोनों मिलकर तय कर लेना, फिर बता देना।'

ताहा आज बेहद खुश थी, उसने अपनी अम्मी को जीशान के बारे में बताया, उसका फोटो भी दिखा दिया।

अम्मी को यह भी बता दिया कि जल्द ही वो लोग रिश्ता लेकर आएँगे।

वो दिन भी आ गया। जीशान के घरवालों को नौकरी पेशा बहू नहीं चाहिए, लेकिन जीशान की जिद के आगे कुछ न कर सके।

दोनों के सपनों को अब हक़ीकत की जमीन मिलने जा रही थी। इस पर भी ताहा की रातें मुश्किल से कटा करतीं तो जीशान की आँखों में भी नींद नहीं थी। एक

बार ताहा को गले लगाना उसे बार-बार याद आता और वो कई सारी उमंगों से भर जाता।

शादी के लिए ताहा ने अपने ऑफिस से महीनेभर की छुट्टियाँ लीं, लेकिन अपने मायूँ के दिन से। उससे पहले तो ऑफिस और बाज़ार के बीच झूलती रही। अम्मी ने कहा भी कि थक जायेगी, लेकिन नहीं मानी।

उसने कहा—'छुट्टियाँ यहाँ खराब नहीं करूँगी। जीशान के साथ ही बिताऊँगी। हनीमून के लिए हैं यह छुट्टियाँ। इस दौरान उसके घरवालों से भी तो सुलह करनी है। नौकरी करती हूँ यह जानकर ही वे मेरे बारे में गलत राय बना बैठे हैं। उनकी राय बदलनी भी तो है।'

अम्मी ने उसकी पेशानी को चूमा और कहा—'यह क्या बड़ी बात है मेरी समझदार बेटी के लिए। देखना कुछ दिनों में तो वो तेरे मुरीद हो जाएँगे, बस तेरा ही कलमा पढ़ेंगे।'

हाशिम मियाँ बालकनी में खड़े अपने घर में शादी की रौनक देख रहे थे। शायदा बेगम उनके पास खड़ी थीं, उन्होंने हाशिम मियाँ के कन्धे पर सिर रख दिया।

'हाशिम हम कितने खुशनसीब हैं ना कि हमारे बच्चे अपनी खुशियों को जी रहे हैं। चारों ओर सुकून ही सुकून नजर आता है।'

'हाँ, सभी ने अपनी राह चुनी और उस पर हम भी अपने बच्चों के साथ चल पड़े, बिना यह जाने कि अंजाम अच्छा होगा या बुरा। हम तो बस अपने बच्चों को उनकी ज़िन्दगी, उनकी मर्जी से जीने की आजादी दे रहे हैं, यह सब अच्छा तो अपने आप ही हो गया न!'

'नहीं अपने आप नहीं हुआ है, उनका यह नसीब आपने ही लिखा है, उनकी खुशियाँ आपके वजूद से ही हैं। आप ही खुदा हो मेरे लिए और मेरे बच्चों के लिए।'

'नहीं, शायदा बेगम मुझे रहनुमा न बनाओ।'

उन्हें याद हो आया कि अब्बा के आखिरी वक़्त में अम्मा ने उन्हें 'रहनुमा' कहक़र ही पुकारा था। नसीबों को अपनी मुट्ठी में बाँधने वाला रहनुमा।

उन्होंने अपनी हथेलियों की ओर देखा और खुद से कहा- 'मैंने किसी के नसीब को मुट्ठी में नहीं बाँधा।' और एक चैन की साँस ली।

ताहा दुल्हन बनकर अपने ससुराल आ गयी। घूँघट में सिर झुकाये वो बार-बार अल्लाह का शुक्र अदा कर रही थी कि आज तक उसने जो चाहा मिला। कदम-दर-कदम उसका साथ देने के लिए उसने अल्लाह का शुक्रिया किया और आने वाली ज़िन्दगी को सँवारने के लिए भी साथ माँग लिया।

दूसरे दिन भी घर मेहमानों से भरा था, औरतों के बीच अब भी वो घूँघट

निकाले गर्दन झुकाये बैठी थी। औरतें उसके पीहर से मिले जेवर देख रही थीं।

उसकी चाची सास बोली—'यह क्या, तुम्हारे यहाँ चार जेवर देने का ही रिवाज है क्या। इस पर सास के लिए तो कुछ रकम ना दी।'

ताहा ने कहा—'आजकल जेवर पहने भी कहाँ जाते हैं, और मुझे तो बिलकुल शौक नहीं है।'

इस पर उसकी सास ने आँखें तरेरीं और कहा—'खूब हाजिरजवाब हो कि आज के दिन भी चुप ना रह सकी।' उनके तंज पर ताहा ने फिर गर्दन झुका ली।

किसी ने कहा—'अरे क्या फर्क पड़ता है, उन्होंने कमाऊ बहू दी है ना। कमाकर खुद भी जेवर गढ़ा लेगी और सास को भी गढ़ा देगी।'

इस पर सास बिफर पड़ी—'तो क्या हम इसकी तनख्वाह खाने इसे लाए हैं। हमने तो पहले ही कह दिया था कि हमें नौकरी नहीं करवानी, लेकिन ना तो इन लोगों ने सुनी और ना ही जीशान ने।'

'हाँ, भई जीशान तो जादू के घेरे में था तो क्यों मानता हमारी बात।' पीछे बैठी जेठानी ने बड़बड़ाया।

ताहा का दूसरा दिन भी ऐसे ही तंज में गुजरा। रात होते-होते तो उसे रोना आ गया।

जीशान ने पूछा भी कि उदास क्यों लग रही हो? उसने थकन की कहक़र बात टाल दी।

जीशान तो घरवालों से बेहद खुश था, क्योंकि उन्होंने उसकी जिद मानकर ताहा को इस घर की बहू बना लिया।

शादी को सप्ताह भर होने को आया जीशान ने एक बार भी कहीं घूमने जाने के बारे में बात नहीं की। रात को उसने ही बात छेड़ दी।

'तो कहाँ ले जा रहे हो, हनीमून पर।'

'अपना जयपुर किसी हनीमून डेस्टिनेशन से कम है क्या? जो कहीं और जाएँ।'

'अच्छा जी, लच्छेदार बातें कर के बहलाओ मत।' बताओ न कहाँ जाएँगे।

'अभी नहीं यार, अम्मी की तबीयत ठीक नहीं है। कहीं जाने का कहेंगे तो अच्छा नहीं लगेगा। वैसे भी वो हमारी शादी को राजी हो गये वही काफी है।'

'ठीक है तो यहीं घूमा लेना, फिल्म तो दिखा दोगे ना?' ताहा ने उसके कन्धे पर सिर टिकाते हुए पूछा।

'हाँ, ठीक है।'

अगले दिन उसे किचन के काम में लगाया गया। पहली बार में उसे मीठा बनाना था सो, मावे की गुलत्ती बनवाई गयी।

उसे चीजों का अन्दाजा नहीं है तो सोचा जेठानी से मदद माँग लेगी।

'भाभी चीनी और मावे का अन्दाज बता दो कितना लूँ?'

भाभी ने तिरछी नजर से देखा और कहा—अन्दाज की ही तो बात है। इसी से तो पता चलेगा कि आप खबरें ही बनाना जानती हो या खाना भी। और वैसे भी हमें अखबार बनाने वाली नहीं अच्छा खाना बनाने वाली मिलती तो ज्यादा अच्छा होता।' यह कहते हुए वे रसोई से बाहर चल दीं।

ताहा भी कहाँ हार मानने वाली थी। अम्मी को फोन लगाया और घर में पहली बार का मीठा तैयार कर लिया था।

शाम को सभी खाने पर बैठे तो वो बार-बार दुआ कर रही थी कि सभी को पसन्द आये, वरना तो सास और नाराज हो जाएँगी।

सभी खाना खाकर उठ गये लेकिन गुलत्ती की किसी ने तारीफ ना की।

'अम्मी आपको पसन्द तो आयी ना!'

'क्या खाक अच्छी लगेगी। बिलकुल फीकी पड़ी है, जैसे गुलत्ती नहीं पुलाव बनाया हो।'

कमरे में आते ही जीशान बोला—'यार, खाना तो अच्छा बनाना सीख लेती। तुम्हारी वजह से पहले ही सब नाराज हैं और तुम्हारी यह हरकतें इनकी नाराजगी बढ़ा देंगी। फिर मुझसे कुछ मत कहना।'

'तो क्या मैं अच्छी हूँ या बुरी, यह खाना बनाने से ही पुख्ता होगा?'

'एक तो तुम यह बहस मत किया करो। कहा ना अच्छा खाना बनाना सीख लो। बस।'

ताहा की छुट्टियाँ खत्म होने को आ गयीं, लेकिन अब तक वो अपने ससुराल वालों को मना नहीं पायी।

जीशान से बात की तो कहा—'तुम नौकरी छोड़ दोगी तो ये अपने आप ठीक हो जाएँगे।'

'यह तो मैं नहीं कर सकती।'

'नहीं कर सकती तो फिर छोड़ो। जब तुम नाराजगी दूर ही करना नहीं चाहती तो इसकी टेंशन भी मत करो। तुम्हें फिर कोई उम्मीद भी नहीं होनी चाहिए कि ये लोग तुम्हें खुश होकर अपनाएँगे।'

ताहा ऑफिस जाने लगी। सुबह दस बजे जाती तो ताहा शाम को सात बजे ही घर पहुँच पाती। ऑफिस से जल्दी निकलने की परमिशन उसे मिल गयी थी।

घर पर वही जेठानी की बातें—'तुम नौकरी करती हो तो क्या मैं इस घर की नौकरानी हूँ कि सुबह-शाम मैं ही सँभालूँ। कम-से-कम रात के खाने का इन्तजाम तो तुम किया करो।'

इसके बाद से ताहा सुबह छह बजे उठ जाती। जेठानी को उसकी नौकरी से परेशानी ना हो इसके लिए वे दोगुनी मेहनत करने लगीं।

उठते ही सारे घर का झाड़ू-पोंछा कर देती। साढ़े सात बजे तक तो वह सभी का नाश्ता तैयार कर दिया करती। और इसके बाद सभी की दोपहर की रोटियाँ सेककर रख देती।

उसने खुश होकर कहा—'भाभी अब तो आपको बस सालन ही बनाना होगा।'

'तो यह क्या कम काम है। सालन के लिए भी कितनी तैयारियाँ करनी होती है। तुम तो चली जाती हो ऑफिस तो तुम्हें क्या पता चले।'

इतना सब करने के बाद ताहा को यह सुनने की उम्मीद नहीं थी। वो अनमनी सी ऑफिस जा पहुँची। ऑफिस में दिनभर कम्प्यूटर पर काम और कभी-कभार फील्ड वर्क से वो शाम तक निढाल हो जाती। घर पहुँचते-पहुँचते उसे लगने लगता कि बस सो जाये।

उसके घर आते ही सास ने जेठानी को आवाज लगाई—'बड़ी दुल्हन अब तुम कुछ आराम कर लो, ताहा आ गयी है, वो बना लेगी रोटियाँ। आखिर तुम भी इनसान हो, सारा दिन हमें सँभालती रहती हो, अब इसे भी कुछ जिम्मेदारी दे दो।'

सास का यह इशारा वो समझ गयी। अपना बैग कमरे में रखकर तुरन्त रसोई में आ गयी और रोटियाँ बनाने लगी। खाना खाकर कमरे में आयी तो रात के 11 बज रहे थे।

जीशान जैसे ही उसके पास आया उसने कहा—'मैं थक गयी हूँ, प्लीज सोने दो।'

'यह तो कोई बात नहीं हुई ताहा—आजकल थकान के बहाने खूब बनाने लगी हो, मैं नहीं सुनूँगा।' हर दिन उसका ऐसे ही बीत जाता और वो आराम के पलों को ढूँढा करती।

एक दिन उसने गुस्से में जीशान से कह ही दिया—'मैं घर का काम भी करूँ ऑफिस का भी, इतना नहीं होता मुझसे।'

'तो किसने कहा है थकने को—छोड़ दो नौकरी और आराम करो घर में।' जीशान ने फिर बेरुखी से जवाब दिया। ताहा अपना-सा मुँह लिए बैठी रह गयी।

जीशान की मोहब्बत उसके घरवालों की नाराजगी के पीछे कहीं छिपने लगी। वो यह भी जानता था कि उसने ताहा का पक्ष लिया तो घरवालों की नाराजगी कम होने की बजाय बढ़ जायेगी।

इस नाराजगी की कीमत ताहा बखूबी चुका रही थी। अब उसने जीशान से उम्मीद छोड़ दी। बिना अपनी थकान की शिकायत किए चुपचाप घर और ऑफिस का काम करती और बिना शिकायत किए सो जाती। इस पर जीशान की फरमाइशें

उसे बुरी लगने लगी थीं, लेकिन वो हर बात को नौकरी के साथ तोल देता।

ऑफिस में साथ काम कर रही अपनी सहेली के सामने ही वह अपना दिल खोलकर रख देती।

बरखा उसकी करीबी सहेली रही है। वो हमेशा यही कहती कि जब नहीं बन रही है तो अलग रह जाओ तो शायद कुछ आराम मिल जाये।

ताहा को यह तरीका ठीक नहीं लगा। कहा—'मैं रिश्तों को बनाए रखना चाहती हूँ। ऐसा कुछ हो कि हम साथ भी रहें और सभी एक-दूसरे से खुश भी।'

'देखो ताहा, दोनों हाथों में लड्डू रखना चाहो तो यह मुमकिन नहीं। परिवार वाले बिगड़ते हैं तो तुम्हें कोई तो कदम उठाना होगा ना! या तो नौकरी छोड़ दो या फिर उनसे अलग हो जाओ। मुझे तो यही दो रास्ते नजर आते हैं। वैसे भी घर से बाहर अपने सपने खोजने निकलने वाली औरतों के सामने बहुत ज्यादा रास्ते नहीं हुआ करते।'

'बरखा तुम सही कह रही हो लेकिन मैं दोनों में से एक नहीं चुन सकती। पत्रकार होना मेरा जुनून है, इसे मैं नहीं छोड़ सकती। और जीशान के परिवार से अलग रहना भी मुझे अच्छा नहीं लगेगा।'

'फिर तो तुम्हारी मर्जी आये जो करो।' बरखा ने जवाब दिया।

'लेकिन ध्यान रखना ऐसे चुपचाप रहक़र तुम उनको बढ़ावा दे रही हो। हम यहाँ समाज को बदलने का पैगाम दिया करते हैं और हम ही गलत को बढ़ावा देंगे तो यह ठीक नहीं होगा।' ताहा सोच में पड़ गयी।

'आज तुम छुट्टी ले लेना, अम्मी की तबीयत कुछ ठीक नहीं।' जीशान ने ताहा से कहा।

'नहीं जीशान, ईयर एंड का काम चल रहा है, मुझे छुट्टी नहीं मिलेगी। वैसे भी इस महीने कई छुट्टियाँ ले चुकी हूँ। पहले भाभी बीमार थीं तो उसके बाद पापा बीमार हो गये। वैसे भी ये लोग बच्चे तो हैं नहीं कि मैं इनके साथ ही बैठी रहूँ।'

इस पर जीशान बिफर गया। कहा—'एक बार नहीं हजार बार छुट्टी लेनी होगी, घरवालों के लिए तुम्हारी भी जिम्मेदारी है, अकेले भाभी ने ठेका नहीं ले रखा है।'

'तो भाभी पर मैं काम ही कितना छोड़ जाती हूँ। एक दोपहर के लिए बस सालन बनाना होता है और शाम को भी बस उनका एक ही काम होता है, बाकी तो मैं करती हूँ।'

'तो अब तुम अपने काम भी गिनाओगी, अहसान नहीं कर रही हो काम कर।' जीशान चिल्लाते हुए बाहर चला गया।

शादी को अभी छह माह ही बीते थे कि सास ने टोक दिया। 'तो क्या नौकरी

के पीछे बच्चे भी पैदा नहीं करोगी?'

'नहीं अम्मी ऐसी बात नहीं है, थोड़ा सेटल हो जाएँ, फिर।' उसने जवाब दिया।

'यह बात मुझे मत बताओ। लोग बातें बनाते हैं, इसीलिए कह रही हूँ। औरतें तो आते-जाते यही कहा करती हैं कि बहू में कोई कमी है क्या जो अब तक बच्चा नहीं हुआ।'

इस बात पर ताहा को ग़ुस्सा तो बहुत आया, लेकिन अपने को सँभाला और चुपचाप कमरे में चली गयी।

वो अपने ऑफिस के कामों में बिजी थी कि मोबाइल की घंटी बज उठी-दूसरी ओर जीशान था।

'कहाँ हो?'

'ऑफिस ही हूँ।'

'अच्छा तुम्हारे अकाउंट में पैसे कितने होंगे?'

'यही कोई चालीस-पचास हजार।'

'ठीक है मैं ऑफिस आ रहा हूँ, मुझे तुम्हारा एटीएम चाहिए।'

'क्यों?'

'दुकान का किराया देने के लिए तीस हजार कम पड़ रहे हैं तो मैंने पापा से कह दिया कि मैं दे दूँगा।' यह कहते हुए उसने फोन काट दिया।

आधे घंटे में ही जीशान उसके ऑफिस में था।

न चाहते हुए भी उसने एटीएम जीशान के हाथ में दिया और कहा—'मेरे पैसों की क्या जरूरत आन पड़ी, आप अपने पास से ही दे देते।'

'अच्छा, तो अब मेरा-तुम्हारा भी अलग-अलग है तुम्हारे लिए। तुम्हारी यही बातें ग़ुस्सा दिलाती हैं। तुम्हारे पैसों पर मेरा भी पूरा हक़ है, मैं जैसे चाहूँ इस्तेमाल करूँगा।' यह कहते हुए जीशान वहाँ से चला आया।

ताहा का आज ऑफ था। सुबह के काम पूरे किए और कपड़े धोने चल दी। अब तो उसके ऑफ का दिन भी बिना आराम किए गुजर जाता। सप्ताह भर के कपड़े धोने की जिम्मेदारी भी उस पर थी। इस पर उसका सातवाँ महीना चल रहा था।

उसने अम्मी से कहा था कि गोद भराई की रस्म के बाद अपने घर ले जाने की इजाजत ले लेना। लेकिन सास ने साफ इनकार कर दिया था।

कहा—इस घर में भी तो रहने की आदत डाले यह। शादी हुए सालभर हो गया बस सुबह-शाम ही दिखाई देती है। अब छुट्टियाँ लेगी तो घर में टिकेगी तो सही।'

अम्मी ने उससे तसल्ली दी कि डिलीवरी के वक़्त वो उसे अपने घर ही ले

जाएँगी।

अब उसे काम करने में तकलीफ हुआ करती, साँस फूल जाती, लेकिन, आराम के लिए सख्त मनाही थी।

सास का कहना था कि काम करते रहने से ही बच्चा आसानी से हो जाता है।

नर्स ने उसकी गोद में जब उमर को लाकर दिया तो वह अपने को दुनिया की सबसे खुशनसीबतर औरत मान रही थी। बेटे की खुशियाँ घर में आयी तो जीशान के पैर भी जमीन पर नहीं पड़ रहे थे। उसने बेटे को हाथ में लेकर खूब चूमा।

अस्पताल से छुट्टी मिली तो वह सीधे प्रतापनगर चली गयी।

हाशिम मियाँ नातिन को अपने घर में देख बहुत खुश थे। इसीलिए भी खुश थे कि ताहा शादी के बाद पहली बार इतने दिनों के लिए घर आयी थी। वो ऑफिस से आते ही ताहा के कमरे में आ जाते और नातिन से खेला करते। वो उनकी अँगुली पकड़ लेता तो वो खुशी से फूले नहीं समाते।

यहाँ आये बीस ही दिन हुए कि जीशान का फोन आया—'अब तबीयत ठीक हो तो घर आ जाओ, अम्मी-पापा पोते को याद कर रहे हैं।'

उसने कहा—'अभी आना नहीं होगा, मैं डेढ़-दो महीने तो यहीं रहूँगी।

ताहा की बात सुन जीशान फिर नाराज हो गया।

अब तो ताहा को समझ ही नहीं आता कि जीशान किस बात पर कब नाराज हो जाएँगे। इसीलिए उसने ध्यान देना ही छोड़ दिया।

देखते-ही-देखते चार महीने की छुट्टियाँ बीत गयीं, ताहा को फिर ऑफिस जाना था। इसीलिए कशमकश में रहा करती कि अब बेटे की परवरिश कैसे होगी?

उसे डर था कि बेटे को घर छोड़कर ऑफिस जाऊँगी तो भी किसी को पसन्द नहीं आयेगा। उसने जीशान से बात की थी।

जीशान ने कहा—तुम तो आराम से नौकरी करो और ये लोग बच्चे को लेकर परेशान होते रहें। ऐसा नहीं चलेगा।'

वो जीशान को दिन-ब-दिन अपने से दूर पा रही थी। जीशान के पास अब उसकी किसी मुश्किल का हल नहीं होता था, बल्कि वो परेशानी और भी बढ़ा देता। ताहा ने अब जीशान से ज्यादा बात करना छोड़ दिया। वो चुपचाप सुबह का काम करती और ऑफिस के लिए निकल जाती।

सास बेटे को रखने लगी, लेकिन वो रात को आते ही सारे दिन उसकी वजह से कैसे परेशान हुई, यह सुना देती।

एक दिन परेशान थी तो पलटकर जवाब दे दिया—'मेरी अम्मी इसे रखती तो एक बार भी बात सुनने को नहीं मिलती। आप बेवजह ही मुझ पर अहसान जताती हो।'

इस पर सास बिगड़ गयी। जीशान से कह दिया—'तेरा बेटा अब मुझसे नहीं रखा जाता, इसे इसकी नानी के पास ही छोड़ दे।'

ससुर भी बहुत ग़ुस्सा हुए। कहा—'जो बहू बड़ों की इज्जत ना करे, उसका इस घर में काम नहीं, तुम लोग अपना ठिकाना देख लो।'

ताहा को ग़ुस्सा बहुत आया लेकिन फिर भी उम्मीद बँध गयी, परेशानियों से निजात पाने की। जीशान ने अम्मी-पापा को बहुत समझाया, लेकिन बात नहीं बनी।

इधर सास भी सोच रही थीं कि इनका घर में रहना भी मुसीबत बने जा रहा है। ताहा के पीछे से जेठानी उन्हें बातें सुनाती कि वह अकेले ही घर सँभाल रही है और अब पोते को सँभालने का काम भी उन पर आ पड़ा तो उन्होंने सोचा कि इस बहाने इस बच्चे को सँभालने की मुसीबत से भी निजात मिल जायेगी और जीशान के सामने नाराजगी भी बनी रहेगी।

अब्बू के घर के पास ही मकान उन्हें किराए पर मिल गया। जीशान कुछ परेशान रहा लेकिन ताहा बेहद खुश थी। यहाँ आकर उसे अपनी सारी परेशानियाँ जाती दिख रही थीं।

अब वो इत्मीनान से काम कर ऑफिस जाती और बेटे की तरफ से भी बेफिक्र रहती।

वो हर दिन इस घर को सजाती-सँवारती। नयी-नयी चीजें खरीद लाती। खूब मन से उसने अपना नया घर सजाया। जीशान को भी वो खुश रखने की कोशिश किया करती।

अक्सर दोनों फिल्म देखने निकल जाया करते। सारा खर्च भी ताहा अपनी तनख्वाह से किया करती। लेकिन वो यह नहीं जानती थी कि इस तरह वो जीशान की आदतें खराब करती जा रही है।

आज की खुशियाँ कल उसे परेशानियाँ भी दे सकती थी उसने नहीं सोचा।

घर के जरूरी सामान तो वह ऑफिस आते-जाते ले आती तो जीशान को पैसों को लेकर ज्यादा नहीं सोचना पड़ता।

घर चलाने की जिम्मेदारी पूरी नहीं मिली तो वह भी बेफिक्र हो गया। कभी दुकान जाता तो कभी नहीं भी।

शुरू-शुरू में उनके घर पर ही आराम करने की आदत को ताहा हँसी में टाल दिया करती।

अब तो उसने टोकना भी शुरू कर दिया, लेकिन वो ताहा से छेड़खानी कर बात को टाल दिया करता।

डाइनिंग टेबल पर बिजली का बिल रखा देख ताहा बोली—'अरे इसे यहाँ किसने रखा। खो जायेगा कहीं।'

'मैंने ही रखा है, इसीलिए कि यह जमा करवाना है।' जीशान ने कहा।

'हाँ तो करवाओ ना', ताहा झल्लाते हुए बोली।

'पैसे दोगी तो करवाऊँगा ना।'

'क्या बिजली के बिल के भी पैसे नहीं हैं तुम्हारे पास?'

'इसमें हैरानी की क्या बात है, कमाती हो तो खर्च भी करो।'

'यह तो कोई बात नहीं हुई।'

'देखो मुझे ज्यादा समझाने की जरूरत नहीं। देने हो तो दो नहीं तो जाओ अपना काम करो।'

ताहा को जीशान का यह रवैया ठीक नहीं लगा, लेकिन उसके पास वक़्त नहीं था बहस करने का। उसने बिल के पैसे टेबल पर रखे और चल दी ऑफिस।

जब भी मौका मिलता वो जीशान से खूब प्यार जताती और समझाती कि दुकान जाया करे, और घर की जिम्मेदारी वो ही उठाए। जीशान भी उसके प्यार में हाँ, कह देता लेकिन चार दिन बाद उसे फिर आराम सूझता।

वो समझाती रहती और जीशान सुनता रहता। ताहा को यह बातें परेशान करने लगी थीं।

दूसरा बच्चा होने को था और ताहा ने अम्मी के यहाँ रहना शुरू कर दिया। जीशान कभी-कभार यहाँ खाने को आ जाता, कभी-कभी तो दो-तीन दिन बीत जाते उसे ताहा की टोह लिए।

ताहा मोबाइल पर कॉल करती तो बड़े ही प्यार से कह देता कि 'तुम मेरी चिन्ता मत करो, अपना ध्यान रखा करो।'

दो बेटों का वालिद होकर भी जीशान ने कमाई को ख़ास तवज्जोह नहीं दी। घर के सारे खर्च ताहा के सिर ही रहे।

दो बच्चों उमर और मुनाफ का काम, फिर ऑफिस का काम कर वो बेहाल हो जाती, इस पर जीशान की लापरवाही बढ़ती जा रही थी। दोनों अक्सर झगड़ने लगे।

कई बार हाशिम मियाँ को दोनों के बीच दूरियाँ लगीं, लेकिन उन्होंने कुछ नहीं कहा—सोचा उनके घर के मसअले में बोलेंगे तो बात बढ़ेगी ही। लेकिन वे ताहा का दिन-ब-दिन बढ़ते चिड़चिड़ेपन से परेशान थे।

ऑफिस से थकी हारी आती तो जीशान का भी सारा ग़ुस्सा उमर और मुनाफ पर निकाल देती।

'मुझे लगता है तुम पागल हुई जा रही हो, नाश्ते की टेबल पर जीशान ने हँसते हुए तंज किया।' उसे ताहा को यह कहक़र परेशान करने में मजा आने लगा था।

ताहा ने उसे घूर कर देखा—'तो इसकी वजह भी बता दो।'

'वजह तो तुम्हारा दिमाग ही है, तुम चाहो तो अच्छा ख़ासा घर चल सकता है, लेकिन पता नहीं तुम्हें मुझसे क्या चिढ़ है कि पूरा घर सिर पर उठाए रखती हो।'

'वो तो तुम अच्छी जानते हो कि क्यों चिढ़ है, लेकिन तुम मुझे समझने की कोशिश क्यों नहीं करते।'

'अच्छा, तो तुम ही बताओ मैं आराम कर लूँ तो इसमें क्या बिगड़ जायेगा, वैसे भी दोनों को कमाकर क्या करोड़पति बनना है।'

'लेकिन मुझे अच्छा नहीं लगता कि तुम मेरी कमाई पर ही आस रखो। मैं चाहती हूँ कि तुम घर की जिम्मेदारी अकेले लो।'

'फिर ठीक है नौकरी छोड़ घर सँभालो, मुझसे जो होगा जैसा होगा कमाकर दे दूँगा।' जीशान ने बड़ी ही लापरवाही से जवाब दिया।

'तुम्हें क्या हो गया है जीशान, तुम पहले जैसे क्यों नहीं बन सकते, अब देखो दोनों बच्चे बड़े हो रहे हैं, इन बातों का असर इन पर भी पड़ेगा। बाहर जाकर किसी के सामने यह बातें कह दें तो हमारे लिए यह शर्मिन्दगी की बात होगी।'

'हाँ, तो मत किया करो ना इतनी चिकचिक। दिन-ब-दिन तुम्हारे बढ़ते पत्रकारिता पुरस्कारों ने तुम्हारा दिमाग चढ़ा दिया है, इसीलिए मुझे कमतर आँकती हो। तुम इतना सोचना छोड़ दो तो भी हमारी ज़िन्दगी बेहतर हो सकती है। ऐसा ना हो सारा दिन खबरों के बीच रहते-रहते कहीं तुम ही खबर बन जाओ।'

जीशान ने फिर तंज किया और मुस्कराते हुए उठ गया।

उसके मुस्कराते हुए तंज करने से ताहा तिलमिला जाती, इसका दर्द उसे जीशान की मार से भी ज्यादा हुआ करता। कभी-कभार बहस के बाद उसका मारना इतना नहीं खलता, जितना उसका तंज। वो पागल किए देता था।

ताहा के लिए जीशान की हर बात को छिपाकर रखना मुश्किल हुआ जा रहा था। दुनिया के सामने तो वो सबसे बेहतर ज़िन्दगी जी रही थी। अच्छी नौकरी थी, नाम था और प्यार करने वाला शौहर। दोनों ने लव मैरिज की है, यह हर कोई जानता था।

ताहा ने भी अपनी हर मुश्किल को इन बेहतरीन ज़िन्दगी की बातों के परदे के पीछे छिपा रखा था। जीशान तो था ही शातिर, उसके चेहरे पर हमेशा मुस्कराहट बनी रहती।

दोनों जब भी बाहर जाते तो वह ताहा के आसपास ही रहता, उसका खूब खयाल रखता कि देखनेवालों को उनके रिश्ते पर रश्क हुआ करता।

ताहा को भी शहर जानने लगा था, यह जानना भी उसकी ज़िन्दगी में मुश्किल पैदा कर रहा था। उसकी पहचान ही उसे आम ज़िन्दगी जीने या ज़िन्दगी के कड़े फैसले लेने में अड़चन डाल रही थी।

इसी बीच उसने अपना घर भी खरीद लिया, जहाँ किराए से रही थी, वही घर उन्हें मिल गया। फिर भी उसकी ज़िन्दगी में खुशी नहीं थी। वो मकान उसे ईंट-पत्थर की जेल लगा करता। जीशान के प्यार की कमी वहाँ उसे हर पल खलती।

वो किसी को भी खुलकर अपनी हक़ीकत नहीं बता सकती।

आख़िर तो उसका शहर में जो मान-सम्मान था, उस पर इन बातों का असर पड़ सकता था।

साथ ही रिश्तेदार जो इस शादी के वक़्त अब्बू के फैसले पर एतराज जता रहे थे, उन्हें अब्बू पर हँसने का मौका मिल जायेगा। वो ना तो अपने परिवार को ही कुछ बता सकती थी और ना ही जीशान से पीछा छुड़ा सकती थी।

वो इस गम में घुली जा रही थी कि वो अच्छा कमाती है, अकेले दोनों बच्चों को पाल सकती है, फिर भी जीशान का वजूद उसे बर्दाश्त करना होगा।

इस पर भी हर दिन बातें भूलकर जीशान से प्यार से बात करने की कोशिश करती, समझाती, लेकिन जीशान पर तो उसे परेशान करने का भूत सवार था।

'जीशान, मेरी जान। क्या अब तुम मुझसे प्यार नहीं करते?'

'किसने कहा? मैं तो आज भी तुमसे उतना ही प्यार करता हूँ, जितना पहले करता था।'

'फिर क्या हो गया तुम्हें, क्यों मुझसे दूर होते जा रहे हो। तुम्हें क्या खुशी मिलती है मुझे परेशान कर।'

'एक तो तुम अपने दिमाग से निकाल दो कि मैं तुम्हें परेशान कर खुश होता हूँ। मैं तो खुद तुम्हारी खुशी में अपनी खुशी देखता हूँ।'

ताहा ने हैरानी से जीशान की ओर देखा। नजरें भीतर तक गड़ा दी, उसने देखा कि जीशान के लफ्ज और उसकी आँखें कहीं मेल नहीं खा रहीं।

कहा—'फिर एक बेहतर और पुरसुकून ज़िन्दगी के लिए तुम मेरा साथ क्यों नहीं देते।'

'एक तो यह घुमावदार बातें मुझसे मत किया करो। तुम अपने घमंड से बाहर निकलो तो दिखाई देगा ना कि मैं तुम्हारे साथ ही हूँ हर हाल में।'

'मैं क्यों नहीं देख पा रही जीशान।'

'मैं क्या जानूँ! अब फालतू बकवास कर मेरा दिमाग मत खराब करो।'

'बस एक बार बता दो कि अब तुम्हारा प्यार मुझे दिखाई क्यों नहीं देता?' ताहा ने फिर सवाल किया।

'वो तो तब दिखे ना जब फाइव स्टार होटलों के रेस्टोरेंट में अपने यारों के साथ लंच करने से फुरसत मिले।'

'जीशान...' ताहा चिल्लाई। गुस्से से उसने जीशान की ओर देखा और मुट्ठियाँ भींच दीं।

'हाँ, सच सुन लगा ना बुरा। तुम जो सोते-जागते मुझे आईना दिखाने की कोशिश करती हो, आज मैंने क्या दिखाया, हाथ उठाने को हो गयी।'

'जीशान... तुम मुझ पर इल्जाम नहीं लगा सकते।' ताहा की आवाज गुस्से से भरी थी।

'मैं नौकरी करती हूँ और यह उसी का हिस्सा है। सारे प्रोग्राम होटलों में होते हैं, तो मुझे कवर करने तो जाना ही पड़ेगा ना।' गुस्से को काबू करते हुए ताहा ने समझाया।

'हाँ, मैं तो हूँ ही बेवकूफ कि तुम्हें मर्दों के साथ हँसते-बतियाते देख भी मुँह बन्द रखूँ।'

'तुम्हारे ये इल्जाम मेरी बर्दाश्त से बाहर हैं जीशान।' उसने जीशान की ओर अँगुली उठाते हुए कहा। यह देख जीशान ने उसकी अँगुली पकड़ मरोड़ दी।

'इल्जाम... क्यों दिन रात मोबाइल बजते रहते हैं, इस पर मैसेज का तो कोई हिसाब ही नहीं। मुझे तो अपने मोबाइल पर हाथ भी नहीं लगाने देती। फिर भी चाहती हो कि मैं अपना मुँह बन्द रखूँ तो एक ही शर्त है कि तुम भी अपना मुँह बन्द रखो। मैं जैसे चाहूँ रहूँ। मेरी ज़िन्दगी में दखल दोगी तो मैं भी तुम्हें छोड़ूँगा नहीं।'

अपने आत्मसम्मान पर जीशान के हाथों के तमाचे उसे जख़्मी कर रहे थे। जख़्म जब जलने लगे तो वो भी तिलमिला गयी।

'तुम जितना घटिया और सेल्फिश इनसान मैंने आज तक नहीं देखा।'

वो गुस्से में हाँफ रही थी कि एक बिजली-सी कौंधी और गाल पर पड़े तमाचे को सहलाती हुई रो पड़ी।

जीशान का हाथ उसके गाल पर पड़ शान्त हो गया, चेहरे पर वही कुटिल-सी मुस्कराहट लिए वह कमरे से बाहर चला गया।

बैड पर हारी हुई-सी ताहा अपने प्यार के लुट जाने का गम मना रही थी। उसके दिल ही नहीं आत्मसम्मान को भी आज जीशान ने तोड़ दिया था।

•••

ताहा बाज़ी से मेरी पहली मुलाकात होटल मैरिएट में हुई थी। होटल बनने के बाद यहाँ का पहला फूड फेस्टिवल हमारी पीआर कम्पनी ने ही ऑर्गनाइज करवाया था।

मुझे ही पत्रकारों को इनवाइट करने और उनका ध्यान रखने की जिम्मेदारी मिली थी।

पहली मुलाकात में ही ताहा बाज़ी मुझसे घुलमिल गयी। वो इतनी ज़िन्दादिल

लगी कि मैं उनसे इम्प्रेस हुए बिना नहीं रह पायी।

पर्सनलिटी तो उनकी थी ही ऐसी कि कोई भी उनका हो जाये। चमकते चेहरे पर उनकी खिलखिलाती हँसी और बेबाकी उन्हें औरों से जुदा करती थी। प्लेन सिल्क का कुर्ता, इस पर बाटिक प्रिंट का दुपट्टा और चूड़ीदार, उनके व्यक्तित्व में चार चाँद लगा रहा था। रंग गोरा तो था ही, उस पर गहरा काजल लगी आँखें बोलती-सी लगतीं। उनके मिलना अच्छा लगा।

अब तो उनसे अक्सर मुलाकात होने लगी। मैं धीरे-धीरे उनकी बातों, उनकी नयी सोच, काम करने की ऊर्जा से इतनी आकर्षित हुई कि वे मेरे लिए आइडियल लेडी बन गयीं। मैं उनके बारे में अक्सर ऑफिस में भी बताया करती।

धीरे-धीरे देखा कि वो किसी सेलिब्रिटी से कम नहीं। उनके इर्द-गिर्द पत्रकार बनने की चाह रखनेवाली या अपने कॅरियर को लेकर फिक्रमन्द लड़कियाँ घूमा करतीं। वो कहीं भी जातीं, लड़कियाँ उन्हें घेर लेतीं। वो भी पूरी खुदएतमादी के साथ ज़िन्दगी और कॅरियर के फलसफ़े बताती। उनकी क्रान्तिकारी-सी विचारधारा से लड़कियाँ इस कदर प्रभावित होतीं कि अपने सपनों को आज़ादी से जीने के लिए अपने घरवालों से बगावत कर बैठतीं।

ताहा बाज़ी यूनिवर्सिटी में गेस्ट टीचर की भूमिका भी निभाया करतीं। जर्नलिज्म की क्लासेज लेते हुए उनके कई स्टूडेंट उनके फैन हो गये थे।

इन्हीं में से एक शीबा भी है। वो दिन-रात ताहा बाज़ी की परछाईं बन घूमती। घरवालों की मर्जी के खिलाफ जाकर उसने उसी चैनल में ट्रेनी की नौकरी कर ली, जिसमें ताहा बाज़ी सीनियर एडिटर थीं।

जब भी ताहा बाज़ी से मुलाकात होती, शीबा उनके साथ ही होती। इसी बीच शीबा को भी जानने का मौका मिला।

वो कोई 22-23 साल की होगी। शीबा कॉलेज में ताहा की स्टूडेंट रही तो वो बिलकुल ताहा बाज़ी की तरह विद्रोही स्वभाव की थी। जहाँ भी औरतों के हक़ की बात होती वह पूरे जोश के साथ उनकी पैरवी करती।

•••

'अरी शीबा, तुझे जरा भी शर्म नहीं आती अपने बाप की इज्जत का मजाक बनाते।' अम्मी ने आईने के सामने तैयार हो रही शीबा को उलाहना दे डाला।

'मेरे एक नौकरी कर लेने से आपकी कौन-सी इच्जत खराब हो रही है।'

'रिश्तेदार कितनी बातें बनाते हैं। जानती है ना या तेरे कानों में रुइयाँ पड़ी हैं। कमबख्त यह दिन देखने को पैदा किया था।'

'मुझे अफसोस है कि आपको मेरे मुस्तकबिल से ज्यादा रिश्तेदारों का खयाल

है। उनकी बातें ही मुस्कबिल सुधारती तो मैं खुद घर में बैठ जाती।'

'बस जबान चलाना सीख रही है। हमने तो सोचा था कि पढ़ने-लिखने से कुछ तमीज़ आ जायेगी। क्या पता था कि तुम हमारा नाम ही डुबो दोगी।'

'अम्मी मैं आपका नाम डुबोने नहीं, अपना नाम कमाने को निकल रही हूँ। और रोज़-रोज़ आपका यह टोकना मुझे अच्छा नहीं लगता।' यह कहते वो घर से निकल गयी।

'आग लगे उस ताहा को, मेरी फरमाबरदार बच्ची को बिगाड़ कर रखा है। जाने क्या जादू कर दिया कि यह उसके नक्शे कदम पर चल पड़ी। पूरे दिन मर्दों के बीच बैठी रहती हैं दोनों। भला मर्दों से कैसी बराबरी?'

शीबा जैसी ही कितनी लड़कियों को वे घर वालों से बगावत करना सीखा चुकी थीं। ख़ासकर अपनी कौम की लड़कियों को वे घर के भीतर की कोठरियों से बाहर निकाल लाना चाहती थीं। वह जानती थी कि उनकी ही कौम बची है, जहाँ की औरतें अब भी रोशनी में आने को डरा करतीं या घरवाले ही डराया करते। अपने इस मिशन से कुछ वक़्त अपने लिए निकालती तो वे मेरे सामने होती। दुनियाज़हान की बातें करती और अपने साथ दुनियाभर की लड़कियों के मुस्तकबिल पर बात करती।

एक दिन उनका फोन आया और कहा—'अनम तुरन्त माहिरा को लेकर ईपी आ जाओ बच्चों के साथ फिल्म देखेंगे।' ऑफ था सो मुश्किल नहीं आयी, मैं भी वहाँ पहुँच गयी।

दोपहर तीन से छह का शो देखकर बाहर निकले तो तीनों बच्चे माहिरा, उमर और मुनाफ काफी घुलमिल गये थे। उन्होंने भी काफी बातें कीं।

मैंने ही पूछा कि वे अपने शौहर के साथ फिल्म देखने क्यों नहीं आयीं।

उन्होंने कहा—'उनके साथ तो मैं घर में रह रही हूँ यही काफी है।'

उन्होंने जिस मायूसी से कहा—उससे उनकी हँसी-खुशी के पीछे का गम साफ झलकने लगा।

अभी हम बहुत अच्छे दोस्त नहीं थे, फिर भी उन्होंने मुझे अपने दिल की बात कही, शायद हमराज दोस्ती का उनकी ओर से यह पहला कदम था। वो अक्सर फोन किया करती और मिलने को बुला लेती।

'पता नहीं तुममें मुझे क्यों एक अच्छी दोस्त नजर आती है, जिसके सामने मैं सबकुछ कह पाती हूँ।' फिर हँस देती और खुद ही जवाब देती।

'तुम ना तो मेरे परिवार से हो कि मेरी बेबसी पर हँसोगी और ना ही मेरे ऑफिस से जुड़ी हो कि मेरी बातें उन लोगों तक पहुँचे, जो मुझे सफल नहीं देखना चाहते। शायद इसीलिए मैं तुमसे बात करना अपने लिए सुरक्षित पाती हूँ।'

मैं हैरत से उन्हें देख रही थी। वे सफलता की चोटी पर थीं, और इतनी अकेली। इतनी अकेली कि जहाँ से वे किसी को आवाज नहीं दे पा रही थी। अपने बहन-भाई, वालिदैन, दोस्तों किसी के सामने भी वे अपना दिल नहीं खोल नहीं दिखा सकती, कि वहाँ कितनी गाँठें पड़ चुकी हैं। उनके दिल का लाल रंग स्याह हुआ जा रहा है। अँधेरों की तरह। वो इन अँधेरों से ही साँस ले रही थीं।

अँधेरों में साँस लेना आसान नहीं होता, ऑक्सीजन बमुश्किल होती है। पर उनकी जीवटता ऐसी ही थी कि वो अँधेरों को चीरने का माद्दा रखती। लेकिन कब तक?

अब उनकी थकान उनकी बातों से झलकने लगी। मैं जानती कि वे बस मेरे सामने ही कमजोर हो जातीं, क्योंकि जैसा उन्होंने कहा कि मैं उनकी कोई नहीं लगती कि उन पर हँसूँ या उनकी सफलता से जलन करूँ।

वैसे भी रिश्तों की भीड़ में हम अपना हाल किसी अनजान को ही बेहतर तरीके-से दिखा सकते हैं। अपनों के सामने तो इमेज से लेकर न जाने किन-किन बातों का खयाल हो आता है।

जो ज्यादा करीब होते हैं, उनसे इसीलिए नहीं कह पाते कि हम उन्हें दुखी नहीं करना चाहते। ताहा बाज़ी के साथ भी ऐसा ही कुछ था।

उनके वालिदैन इसीलिए खुश थे कि वो एक सफल पत्रकार थीं, जिससे उन्होंने प्यार किया, उसी से शादी की, दो बच्चे थे यानी एक आइडियल ज़िन्दगी। इसी आइडियल ज़िन्दगी की सीमाओं ने ताहा बाज़ी को बाँध दिया। वे अपनी इस इमेज को चाहक़र भी तोड़ नहीं पा रही थीं।

तोड़ती भी कैसे—यह टूटती तो उनसे जुड़े उनके अपनों को दिल भी जख़्मी हो जाते। उनके और वालिदैन के, दोनों घरों के बीच बस एक घर का फासला था, लेकिन फिर भी किसी को कानोंकान खबर ना थी कि उनकी ज़िन्दादिल हँसी के पीछे मुश्किलों का अम्बार था।

या शायद उन्होंने ही छिपाया था, ताकि उन्हें झूठा ही सही खुश देखकर उनका परिवार खुश रहे।

वो सबके साथ होकर भी अकेलेपन के साथ जी रही थीं, जो भीतर-ही-भीतर उनको घुलाता जा रहा था।

ज्वैलरी शो की प्रेस कॉन्फ्रेंस में उनसे मैं करीब तीन महीनों बाद मिली।

मशरुफियात की वजह से मैं उन्हें कॉल नहीं कर पाई और इस बीच उनका भी कोई फोन नहीं आया था।

मैं कुछ शर्मिन्दा थी कि मैंने इन दिनों उनकी टोह भी नहीं ली। इस बार थकन उनके चेहरे से भी साफ दिखाई दे रही थीं। उनकी आँखें अन्दर धँस रही थीं,

काले घेरों से घिरी थी।

इसके बाद भी वो हमेशा की तरह खूबसूरत दिख रही थीं। हेयर कट उन पर फब रहा था।

अपनी हमेशा की स्टाइल के साथ वो बन्द गले के कुर्ते में महान लेखिका से कम नहीं दिखती।

कॉन्फ्रेंस खत्म होने के बाद लंच के दौरान उनसे बात हुई।

मिलते ही उन्होंने शिकायत की—'झूठे ही बाज़ी-बाज़ी करती हो।'

'इतने दिनों में एक बार भी नहीं पूछा कि मैं कैसी हूँ?'

'क्यों क्या हुआ, तबीयत तो ठीक हैं ना।'

'ठीक है। पता है मुझे ब्रेन ट्यूमर हो गया।' वो बनावटी नाराजगी और अपनी सरलता के बीच तालमेल बैठाती बीमारी का ऐसे बता रही थी, जैसे—बुखार-जुकाम हुआ हो। और मेरी आँखें यह सुनकर डर से फटी रह गयीं।

'क्या?' बस इतना ही कह पायीं।

वो मेरा फक पड़ा चेहरा देख हँस दी। कन्धे पर हाथ मारते हुए कहा—'अनम, इतना मत घबरा, ऑपरेशन करवा लिया है।' इसीलिए तीन महीने से छुट्टियों पर थी।

'अच्छा, मुझे तो बताया ही नहीं, कब हुआ ऑपरेशन?'

'गुड़गाँव गयी थी, वहीं करवाया। इतने महीनों बाद अब ऑफिस जॉइन किया है। अभी एक सप्ताह ही हुआ है फील्ड में फिर से जाते।' उन्होंने बताया।

मैं ताहा बाज़ी की तरह सफल नहीं थी, सो सफलता की ओट में अपने दिल के दर्द को, खयालों को छिपाने की कला नहीं थी मुझमें। उनका हाथ कसकर पकड़ लिया, और आँख से आँसू बह निकले।

'अरे, तुम तो रोने लगी, अभी मरी नहीं हूँ। देखो, जरा। तुम्हारे सामने ही हूँ। उन्होंने मुझे गले लगा लिया। वो हमेशा की तरह अपनी जमा बातों का गुबार निकालने लगी।

'मैं तो घर में पड़े-पड़े ही हैरान हो गयी। इतनी आदत हो गयी है इस नौकरी की कि घर में रहती हूँ तो ऐसा लगता है कि जीने की वजह ही नहीं रही। घर में तो बस अपने दोनों प्यारे बेटों से ही सुकून पाती हूँ। दोनों स्कूल चले जाते थे तो दिन काटे नहीं कटता।

'पता है अनम, जब औरत दहलीज छोड़ बाहर निकल जाती है तो रिश्ते छोड़ो, उसका घर भी उसे अपनाने से इंकार कर देता है। उसके लौट आने पर भी सुकून की पनाह नहीं देता। पता नहीं उस घर में मेरा मन क्यों नहीं लगता, जबकि एक-एक पैसा जोड़ अपने सपनों का घर बनवाया था मैंने।'

'नहीं बाज़ी, आप गलत सोच रही हो। वह घर आपका है तो वहाँ आपके लिए सुकून ही सुकून है। देखने का फर्क है। परेशानियों को हावी मत होने दो, फिर देखो घर प्यारा लगेगा।'

'दिलासा दे रही हो।'

यह सुन आँखें नीचे हो गयीं, समझ नहीं पा रही थी कि एक समझदार दोस्त को कैसे समझाया जाये।

'अनम, जिस घर में प्यार ही न बचा हो वह प्यारा कैसे होगा? यह बात कैसे समझाओगी मुझे। खैर छोड़ो, घर में पड़े-पड़े तुमसे बात करने का बहुत मन था, लेकिन फोन ही नहीं कर पाई।'

'अब तो ठीक हो ना, परेशानी की तो कोई बात नहीं?' वो अपनी बात कहक़र रुकी तो मैंने पूछा।

'हाँ, फिलहाल तो ठीक है।' उन्होंने कहा—'पता है अनम, मुझे मरते देख तो जीशान भी एक बार पिघल गया। इन दिनों मेरा खूब खयाल रखा, बच्चों का भी।'

कहा—'शायद डर गया कि मैं मर गयी तो बच्चों का खर्च भी उस पर आ पड़ेगा, उसकी तो वैसे भी कमाने की आदत नहीं रही।' और यह कह वे खुद ही जोरदार हँस दी।

मेरा चेहरा अब भी फक था, उनकी हँसी को समझने की कोशिश कर रही थी कि वे इस हँसी में क्या-क्या छिपाए हुए हैं।

'चल छोड़ यह बातें, पता है अगले महीने मुझे बेस्ट पत्रकार का अवॉर्ड मिलने वाला है, दिल्ली में।'

मैंने उन्हें बधाई दी और उनकी सेहत अच्छी रहे इसके लिए दुआएँ भी।

'चल फिर मिलती हूँ तुमसे, बहुत-सी बातें करनी हैं।' वो चली गयी, मेरे लिए पीछे फिर से कई सवाल छोड़ गयी।

जो अपने हैं, उन्हीं से प्यार या रहम की उम्मीद की जा सकती है, लेकिन वो किससे करती होंगी?

मर्दों की दुनिया में अपना वजूद जिद के साथ सामने रखने वाली ताहा बाज़ी भीतर से कितनी घायल थीं, किसी ने जानने की कोशिश नहीं की।

वो भले दिखाए नहीं लेकिन पितृसत्ता से तो वे भी आहत थीं, वो उन पर हावी हुए जा रही थी और ताहा बाज़ी लगातार उसे अपने वजूद से दूर करने की कोशिश कर रही थीं। हारना उन्होंने नहीं सीखा था लेकिन उनके अपने उन्हें जीतने नहीं देना चाहते थे।

'काश, जो जमाने को दिखाई दे रही है, वही अच्छी ज़िन्दगी उनके लिए हक़ीकत बन जाती। मैंने दिल ही दिल में दुआ की।'

उनकी ज़िन्दगी गवाही दे रही थी कि जाने क्यों शौहर के रिश्ते में बँधते ही मर्द खुदाई का दावा करने लगते हैं।

खुदाई भी ऐसी कि सामने वाला उनके इशारों पर ही चले, ऐसी खुदाई क्यों नहीं दिखाते कि उनके नसीब में सबकुछ अच्छा ही अच्छा लिख दे, बिलकुल एक वालिद की तरह हो हमेशा अपनी बच्ची के लिए नसीब की किताब में सब बेहतर लिखने की कोशिश करता रहता है। हर दिन यह सवाल मुझे घेरे जा रहे थे।

एक दिन फिर उनसे एक कॉन्फ्रेंस में मुलाकात हुई। कहने लगी—'अनम, आजकल उस पर इतना ग़ुस्सा आता है कि मैं उसका खून कर दूँ।' उन्होंने अपने दाँत भींच लिए।

'सच में अगर अपनी जिद और अब्बू की इज्जत की परवाह नहीं होती तो मैं उसे तलाक ही दे देती।'

वो जीशान को लेकर बहुत ग़ुस्सा थीं।

'क्यों, क्या हो गया?'

'क्या होना था, बस पूरे दिन आराम करता है और मुझे चिढ़ाता रहता है। तबीयत फिर खराब रहने लगी है।

कभी भी बेहोश हो जाती हूँ। इस पर भी मुझे नहीं उठाता, खड़े-खड़े हँसता रहता है। यह तो बेटा समझदार हो गया कि नानी को फोन कर बुला लेता है, तो वे सँभाल लेती हैं।

'अब तो अम्मी-अब्बू भी इतने फिक्रमन्द रहने लगे हैं कि कहते हैं, तू उसको छोड़ यहीं आ जा। तुझे कुछ हो गया तो हम भी ज़िन्दा न रह सकेंगे।'

'देखा अनम, बस वालिदैन ही होते हैं अपने जिन्हें कुछ रहम आ जाये, शौहर जात ही ऐसी है कि वो बस हुकुम चलाने या उनका नहीं माना तो बदला लेने के लिए होती है।'

'जमाने में अब्बू की हँसी नहीं करवाना चाहती, वरना तो उसका वो हश्र करूँ कि याद ही रखे।'

वो लगातार बोले जा रही थीं। उनकी यह नफरतें बढ़ती जा रही थीं, लेकिन फिर भी वो जीशान के वजूद को खुद से अलग नहीं कर पा रही थीं, वो अपने दिन कम करती जा रही थीं, लेकिन जमाने में अपने झूठी खुशी से परदा नहीं उठाना चाहती थीं।

बार-बार कानों में उनकी बात गूँजने लगी—'मन करता है उसका खून कर दूँ...।'

'मन करता है उसका खून कर दूँ...।' मन-ही-मन कितनी ही बार उनकी बात को दोहराया, फिर डर गयी, कि उनकी तबीयत आजकल ठीक नहीं रहती कहीं गलत कदम ना उठा लें।

•••

'अशहदो अनलाह इलाहा इल्लगाहो...' पूरे हॉल में कलमा गूँज उठा। ताहा बाज़ी का ज़नाज़ा उठाया जाने लगा। कलमे के साथ ही उनकी माँ और बहन की चीखें, शामिल लगीं। वो और तेज और तेज हुई जा रही थीं। इसी बीच दोनों भाई, वालिद और जीशान ने उन्हें पहला कन्धा दिया।

वालिद के कन्धे उस ज़नाज़े को उठाने के लिए बहुत कमजोर दिखाई दे रहे थे। चेहरे पर एक खामोशी-सी पसरी थी। हाथ अब भी लरज रहे थे, लेकिन बेटी के लिए रहनुमाई लिखने के इस आखिरी पन्ने पर भी उनका हाथ जरूरी था, वरना वो कयामत तक इससे पार ना पाते।

दोनों भाइयों को जिस बहन पर गुरूर था, वह आज कुछ टूटा नजर आया।

जीशान की गर्दन झुकी हुई थी। शायद अरसे बाद वो अपने दिल की ओर देखने का समय निकाल पाया। वही दिल जो ताहा के लिए धड़का करता। वही दिल जो ताहा की खुशी में खुश होता, ताहा की हाँ में उछलने लगता और ताहा की ना में ठहर जाता।

बड़े दिनों बाद उसे अहसास हुआ कि दिल में अब भी ताहा ही तो है, लेकिन शौहर होने के नशे में वह अपने प्रेमी होने को मार बैठा। और अपने प्यार को...।

आराम करते-करते यह भूल बैठा था कि उसका प्यार उससे दूर जा रहा है। बहुत दूर। ताहा ने कई बार समझाया, कई बार उसे फिर प्यारभरी दुनिया में लाने की कोशिश की, लेकिन उस पर आराम सवार था। आज जो आराम कर उठा तो अपने आपको थका पाया।

इतना थका कि कदम आगे नहीं बढ़ पाए। ताहा का ज़नाज़ा उस पर ज़िन्दगी से भारी हुआ जा रहा था और वो अचानक ही नीचे बैठ गया। घुटने के बल।

वो जमीन पर सजदा किए रोए जा रहा था, फूट-फूटकर, हाथ जोड़कर ताहा से खूब माफी माँगने लगा, लेकिन आज ताहा ने उसकी एक न सुनी।

आज फिर ताहा अपनी ज़िद पर थी। यह वो जानता कि ताहा अपने फैसले से नहीं हिलती। जो कह देती है वो करके ही रहती है।

उसे याद हो आया कि ताहा ने कहा था—'एक दिन तुम्हें छोड़कर जरूर जाऊँगी।' तब वो उस पर कितना हँसा था, बहुत हँसा था। इतना कि ताहा रोने लगी।

उसने अपने कानों पर हाथ रख लिए, लगा कि खामोश ताहा आज उस पर

हँस रही है। उसके कान फटे जा रहे थे और दिल भी।

कानों से हाथ हटा ज़नाज़े के सामने हाथ जोड़े-जोड़े वो ताहा को मनाने लगा। उससे रहम की भीख माँगने लगा, लेकिन ताहा नहीं सुन रही थी।

कैसे सुनती ? दोनों के बीच जो अनदेखी-सी दीवार थी, उसकी तामीर भी तो खुद जीशान ने ही की थी। उसी दीवार के एक ओर वह अकेला खड़ा रह गया।

होश आया तो देखा दोनों बेटे उसके इर्द-गिर्द खड़े, उसके आँसू पोंछ रहे हैं। उसने दोनों को बाँहों में भर लिया।

जीशान ने रोते हुए फिर ज़नाज़ा सँभाला। पीछे ताहा की मगफिरत के लिए कलमा पढ़ा जाने लगा।

हॉल ही नहीं गली भी इस कलमे से गूँजने लगी।

एक और रहनुमाई...

'हैलो।'

'हाँ, अनम, कैसी हो ?'

'पहले से काफी बेहतर।'

'तो क्या सोचा है, इस्तीफा वापस लेने के बारे में।'

'सोच लिया कि अब नौकरी नहीं करनी।'

'ये ठीक नहीं। इसका मतलब तो यही हुआ कि तुम मुसीबतों का सामना करने की बजाय उनसे डर रही हो।'

'नहीं सोमा, मैं थक गयी हूँ और अब बस आराम करना चाहती हूँ।'

'और तुम्हारे सपनों का क्या ?'

'मैं अपने सपनों के लिए अकेले नहीं चल सकती। मुझे साथ चाहिए। और ऐसा साथ नहीं चाहिए कि अन्त बुरा हो।'

'तुम अब भी ताहा की ज़िन्दगी से बाहर नहीं आ पाई हो। सभी की ज़िन्दगी एक-सी नहीं हुआ करती अनम। तुम ही बताती हो कि आलिम और शौहरों से बेहतर है। फिर कौन-सा डर है ?'

'डर तो लगता है, वो भी बदल गये तो। रिश्तों के बिना सपने पूरे होकर भी ज़िन्दगी तो अधूरी ही रहती है।'

'मुझे तुम्हारी बातें समझ नहीं आतीं। मैं तो बस इतना ही कहूँगी कि एक बार ओर सोच लो। नौकरी के बिना तुम्हारा अपना वजूद ही क्या रह जायेगा।'

'मैं अपना वजूद आलिम के साथ ढूँढ़ने की कोशिश कर रही हूँ।'

'अनम, उठो। तैयार हो जाओ।'

'क्यूँ कहाँ जाना है।'

'तुम्हारे ऑफिस। इस्तीफा वापस लेने।'

मैंने हैरानी से आलिम की ओर देखा, मुझे कतई इसकी उम्मीद नहीं थी।

'ऐसे क्या देख रही हो, तुम्हारे और मेरे सपने एक हैं और हम इन्हें साथ-साथ जीएँगे। तुम जैसे जीना चाहती हो जिओ, घर की और तुम्हारी जिम्मेदारियों से बेफिक्र होकर। ये सब मैं सँभाल लूँगा। तुम बस अपना खयाल रखो।' आलिम ने अपने दोनों हाथों को मेरे चेहरे से सटाते हुए कहा।

'नहीं आलिम, मेरा मन नहीं है अब नौकरी करने का। मुझे डर लगने लगा है।'

'मैं सब समझ रहा हूँ अनम, लेकिन मैं साबित कर दूँगा कि सब एक-से नहीं होते। बस मैं तुम्हें इस तरह से घुटते हुए नहीं देख सकता। हम एक-दूसरे के ख़्वाबों की इज्जत करते हुए साथ-साथ ही ज़िन्दगी जिएँगे। देखना हमारी ज़िन्दगी लोगों के लिए आइडियल होगी। अब इस पलंग को छोड़ दो, तुम मुझे इस घर में चहक़ती ही अच्छी लगती हो। जितना चाहे मुझसे झगड़ लो, लेकिन इस तरह खामोशी मुझे गुनहगार ठहराती है।'

यह कहते हुए आलिम ने मुझे गले लगा लिया। आँखों से उसकी शिकायतें बहने लगीं। आज आलिम का गले लगाना एक ठोस और गहरे विश्वास की तरह अहसास देने लगा। उसकी बाँहों में अपने आप को महफ़ूज़ पाया।

'मम्मा.. मम्मा... देखो मैं क्या बनूँगी।' माहिरा के कमरे में आते ही दोनों की तवज्जोह उसकी ओर हो गयी। मैंने आँसू पोंछते उसे अपनी गोद में बैठा लिया। उसके हाथ में अखबार था।

'मम्मा देखो मैं ऐसी ट्रॉफी लेकर आऊँगी।' पहले पन्ने पर टेनिस प्लेयर सानिया मिर्जा की बड़ी-सी तस्वीर छपी थी। हम दोनों उसे देख हँस दिए। आलिम ने माहिरा को गोद में उठाया और खूब प्यार किया। उसने हम दोनों को बाँहों में भर लिया।

'मैं जिऊँगा तुम दोनों के सपनों को। कदम-दर-कदम हम साथ होंगे। हमेशा।

ज़िन्दगी आगे भी...

'तो मैडम जी आ गयी क्रान्ति आपकी काम वाली बाई के घर?' सीमा ने कैंटीन में अपना टिफिन खोलते हुए बोला।

'अरे, हमारी क्रान्तिकारी मंडली है ही महान। बदलाव तो लाकर ही रहते हैं।' मंजूलता ने बीच में ही बात लपकी।

'अच्छा तो मैडम आपने क्या बदलाव लाया अपनी ज़िन्दगी में। मैंने लंच टेबल पर हाथ मारते हुए मंजूलता से पूछा।'

'बहुत बदलाव आया। देख ना अब वो हाथ भी उठाता है तो मैं रोती ही नहीं। इससे उसके दिल को सुकून नहीं पहुँचता और मुझे बड़ा मजा आता है उसे

बेचैन देख।' उसने आँखें मटकाते हुए अपने हमेशा वाले अन्दाज़ में कहा।

लंच टेबल पर बैठी सभी सहेलियों के दिल बुझ गये लेकिन उसके मजाकिया अन्दाज़ में उदासी घोलना ठीक नहीं लगा।

'मंजू तुम्हारी तो लव मैरिज है ना?' सोमा ने उसकी उदासी में प्यार भरना चाहा।

'हाँ यार, वो भी क्या दिन थे, जब सन्दीप मुझ पर इस कदर फिदा था कि मेरे लिए अपने परिवारवालों से लड़ लिया। मैंने उसे बहुत समझाने की कोशिश की कि हमारे घरवाले राज़ी नहीं तो हम शादी नहीं करेंगे। उसकी जिद पर ही मैंने भी घर से भागने की हिम्मत कर डाली। वरना मुझ जैसी डरपोक के लिए यह मुमकिन नहीं था। बहुत प्यार करता था वो मुझसे।' मंजूलता ने एक गहरी साँस ली।

'प्यार तो अब भी करते होंगे।' मैंने कहा।

'हाँ, जब भी पीकर आता है, बहुत प्यार करता है।'

'चलो छोड़ो इन बातों को, यह बता श्यामा दीदी को क्या पट्टी पढ़ाई कि वो भारतीय समाज की आदर्श पत्नी अपने पति परमेश्वर को छोड़कर चली गयी।' मंजूलता ने फिर बात का रुख मोड़ दिया।

लंच टेबल पर फिर चारों की हँसी बिखर गयी। 'इस क्रान्ति का असल नुकसान तो मेरा हुआ है। उसके जाने से सारा काम मुझ पर और आलिम पर आ गया है। नयी नौकरानी मिले तो चैन आये।'

'अरे वाह, आलिम भी साथ दे रहे हैं। फिर तो दुआ करूँगी कि कामवाली कभी न मिले और तुम दोनों एक-दूसरे का साथ ऐसे ही देते रहो।' सभी ने एक साथ दुआ में हाथ उठा दिए।

कैंटीन से बाहर निकली तो निशा मेन गेट से अन्दर आती दिखी।

'हैलो, निशा।'

'हैलो, कैसी हैं आप सभी?'

'हम ठीक हैं।' मंजूलता के साथ ही बाकी तीनों ने भी मुस्कराकर उसका जवाब दिया। वो बात कर चली गयी। हम तीनों ने मंजूलता की ओर हैरानी से देखा।

'रिश्ता जो भी हो, निशा तो खुश है ना। ज़िन्दगी उसकी है, वो चाहे जैसे जीए। कम-से-कम सामाजिक दबाव में तो वह रिश्ते नहीं ढो रही। हर किसी की तरह उसको हक़ है अपनी ज़िन्दगी को खुशनुमा बनाने का।'

यह कहते हुए मंजूलता अपने कैबिन की ओर बढ़ गयी।

□□□

णाणं

पयासयं

2470

1944

भारतीय ज्ञानपीठ